어린이 사회형사대 CSI 4

CSI, 파란만장 적응기

어린이 사회형사대 CSI 4

초 판 1쇄 발행 2016년 4월 25일
개정판 1쇄 발행 2025년 4월 25일

지은이 고희정
그린이 김준영
감 수 이은실 김봉수

펴 낸 곳 (주)가나문화콘텐츠
펴 낸 이 김남전
편 집 장 유다형
편 집 이경은
디 자 인 양란희
마 케 팅 정상원 한웅 정용민 김건우
경영관리 김경미

출판 등록 2002년 2월 15일 제10-2308호
주 소 경기도 고양시 덕양구 호원길 3-2
전 화 02-717-5494(편집부) 02-332-7755(관리부)
팩 스 02-324-9944
홈페이지 ganapub.com
이 메 일 ganapub@naver.com

ISBN 978-89-5736-779-7 (74300)
978-89-5736-685-1 (세트)

어린이 사회형사대 CSI 4

CSI, 파란만장 적응기

글 고희정 그림 김준영

감수 이은실 · 김봉수

가나

등장인물

고영웅
(일반 사회 형사)

온 동네일에 참견하길 좋아하는 오지랖 넓은 아이. 그 덕분에 어려움에 처한 친구들을 많이 도와준다. 공부는 사회 말고는 그저 그런 편. 이름처럼 사회를 이롭게 하는 영웅이 되고 싶어 한다.

경제인
(경제 형사)

뭐든지 돈으로 따지는 계산적인 아이. 그런데 영웅이와 관련되면 자꾸 손해 보는 일을 하게 된다. 부모님이 이혼해 할머니와 함께 산다. 장래 희망은 돈을 많이 버는 것.

백두산
(지리 형사)

부모님을 따라 대한민국 방방곡곡 안 가 본 데가 없는 아이. 장래 희망은 여행 작가가 되는 것이다. 어딘가에 구속되는 걸 싫어하며, 못하는 운동이 없는 만능 스포츠맨이다.

문하재
(역사 형사)

큰 키와 짧은 머리, 낮은 목소리까지, 얼핏 보면 남자아이 같은 여자아이다. 종갓집에 무남독녀 외동딸로 태어나 어릴 때부터 아들처럼 키워졌다. 장래 희망은 국가유산 연구원.

정치국
(정치 형사)

할아버지는 국회의원, 아빠는 검사, 엄마는 대학교수. 할아버지 덕분에 정치에 해박한 지식을 갖고 있고 지금은 전교 부회장이다. 장래 희망은 대통령. 집안, 공부, 외모, 어느 것 하나 부족한 게 없다고 생각해 모든 일에 거침이 없다.

그 외 등장인물

이상해 형사

영웅이 엄마

영웅이 아빠

고사리
(영웅이 여동생)

고민자
(영웅이 고모)

어수선 교감
(어린이 형사 학교)

공차심 교장
(어린이 형사 학교)

차례

CSI가 되다!

교장실
이 형사님!
내가 삼고초려해서 모셔 왔지.
삼고초려요?
인재를 데려오기 위해 참을성 있게 힘썼다는 뜻이야.
삼고초려(三顧草廬)
유비가 제갈공명을 세 번이나 찾아간 데서 유래한 말로 인재를 맞기 위해 참을성 있게 노력함.
따르르르릉!
네? 국회의원실이요?
우린 그만 나가자.
살금살금

이 형사, 정삼선 의원 알지? 치국이네 할아버지.
네. 정 의원이 전화한 거예요?
입학식에 오신다는데, 기자들 취재 요청해도 되냐고 묻네.
어린이 형사 학교를 정치적으로 이용하는 건 안 돼.
네, 알겠습니다.
입학식 날
내가 진짜 CSI가 되는 거네. 아, 떨려.
오늘이 내 인생 최고의 날이야.
마이크 점검하겠습니다.
경 CSI 어린
웅성 웅성 웅성 웅성
어, 할아버지다! 오신다는 말씀 없으셨는데!

아, 국회의원이시라는?
저 분 정삼선 의원 아니야?
맞아, 가나당 대표잖아. 차기 대통령 후보!
웅성 웅성
너희 할아버지 진짜 유명하신가 보다.
뭐, 그렇지.
어떻게 된 거야?
기자들은 안 된다고 했더니, 할아버지 자격으로 오시겠다고……. 그것까지 막을 수는 없잖아요.
알았어. 입학식 시작해.
네
지금부터 어린이 형사 학교 입학식을 시작하겠습니다.
경 CSI
이번에 입학하는 고영웅 어린이입니다.
고영웅 입니다.

내 눈엔 우리 영웅이만 보이네.
장하다, 내 아들.
그런데 고모, 웬일로 휴가까지 내고 오셨어요?
조카가 학교에 입학하는데 고모가 당연히 와야지!
오빠랑 저, 초등학교 입학식 때는 안 오셨잖아요.
그, 그랬나? 그땐 바빴나 보지.
지금은 안 바쁘고요?
아무래도 수상해!
뭐가 수상해!
쾅
아얏!
바빠도 특별히 오신 거지.
나저나 오늘 고모 진짜 예쁘네.
이 형사님도 멋지고.
쿡쿡
올해 어린이 형사 학교가 사회 형사대로 새롭게 출발합니다.
많은 관심과 응원 부탁드립니다.

특별 순서입니다. 어린이 형사 학교를 졸업하고
현재 국립 형사 학교에 재학 중인 한마리,
강태산 학생의 축사가 있겠습니다.
우아! 진짜 CSI다!
우리도 이제 진짜 CSI거든?
와!
한마리입니다. 모두 입학 축하하고, 학교 생활 열심히 하시기 바랍니다.
강태산입니다. 제가 어린이 형사 학교에 와서 사람이 됐거든요.
하 하 하 하
여러분도 멋지게 성장하시길 바랍니다.
네!
하 하 하 하 하 하

배지 수여식 후,
입학식 선서가 있겠습니다.
우리는!
어린이 사회 형사대 CSI의명예를걸고!
나라와 학교와 이웃을 위해!
최선을 다할 것을!
굳게 선서합니다!
충성!
이제 자랑스러운 어린이 사회 형사대 CSI로 새로운 생활을 시작하는 아이들! 앞으로 어떤 사건들을 해결하게 될까? 두근두근 어린이 형사 학교 생활 시작!

핵심 학습 주제 **다문화 사회**

일반 사회 지리 역사 경제 정치

연구실의 비밀

"웬일이야, 바쁘신 교수님께서."
이름은 나수재. 어 교감의 고등학교 친구로,
민국과학대 재료공학과 교수다.
"수선아, 나 좀 도와줘라."

한바탕 소동

"7시 10분까지 운동장에 모인다!"

아침 7시, 기상 벨이 울리자마자 방송이 나왔다. 아이들은 황급히 세수를 하고 운동장에 나갔다. 그런데 체육 선생님뿐 아니라 이 형사, 어 교감, 공 교장까지 나와 있었다. 공 교장이 싱긋 웃으며 말했다.

"자, 그럼 몸부터 풀어 볼까?"

그러더니 축구공을 가지고 온갖 신기한 묘기를 부리기 시작하는 것이 아닌가. 아이들은 깜짝 놀랐다.

"교장 선생님, 축구 선수예요?"

두산이의 질문에 어 교감은 눈을 찡긋하며 되물었다.

"교장 선생님 성함이 뭔지 알지?"

제인이가 대답했다.

"그럼요. 공, 차 자, 심 자. 아! 공차심!"

그제야 모두 깨달았다. 교장 선생님이 왜 입학 설명회 때 아이들에게 축구를 할 줄 아느냐고 물었는지. 사람은 이름대로 된다는 말이 맞나 보다.

그렇게 형사 학교에서의 첫 아침은 축구로 시작됐다. 정신없이 30분을 뛴 후, 씻고 아침 식사. 9시부터 수업이 시작되어 중간에 한 시간의 점심시간을 빼고 50분씩 7교시가 이어진다.

사회 형사대라고 해서 사회 과목만 배우는 게 아니다. 국어, 영어, 수

학 등 기본 과목뿐 아니라 사건 해결에 꼭 필요한 수사 기법을 배우는 기초수사론, 사건 현장에 대해 배우고 실습하는 현장실습론, 경찰로서의 의무감과 자긍심을 배우는 경찰학, 체력 단련을 위해 태권도에 수영까지. 게다가 수업이 끝나고 나면 과목마다 산더미 같은 숙제가 기다리고 있으니, 잠깐 쉬고는 또 숙제하느라 정신이 없었다.

특히 평소에 공부하고는 거의 담을 쌓고 살았던 영웅이와 두산이는 정말 힘들었다. 무슨 숙제가 이리도 많고 어려운지, 그동안 공부 좀 해 놓을 걸 하는 후회가 들었다. 그나마 공부 좀 했다는 하재, 치국이, 제인이는 잘 따라가는 듯 보였다.

하지만 제인이는 남모를 고민이 있었다. 워낙 머리가 좋은 데다 공부하고 책 읽는 게 취미로, 줄곧 행복 초등학교 전교 1등이었던 제인이다. 그런데 체력이 문제였다. 매일 아침 축구 시간이 너무 힘들다 보니 끝나고 나면 수업 시간에 집중이 되지 않았다. 지난 입학 테스트에서도 체력의 한계가 발목을 잡지 않았던가. 제인이는 결심했다.

'그래! 체력부터 키워야겠어.'

그래서 매일 점심시간마다 운동장을 다섯 바퀴씩 돌기로 한 것. 그렇게 운동장을 돌기 시작한 지 3일째 되는 날이었다. 점심을 먹은 후 아이들이 등나무 밑 벤치에 앉아 쉬고 있었는데, 갑자기 두산이가 뛰어나가며 소리쳤다.

"제인아!"

모두 쳐다보니, 제인이가 운동장 한 쪽에 넘어져 있는 것이 아닌가!

아이들은 깜짝 놀라 허둥지둥 제인이에게 뛰어갔다. 두산이가 제인이를 일으키며 물었다.

"제인아, 괜찮아?"

"괜찮아. 아얏!"

일어나던 제인이가 비명을 지르며 주저앉았다. 제인이의 무릎에서는 피가 흐르고 있었다. 두산이가 대뜸 제인이에게 등을 내밀며 말했다.

"업혀."

당황한 제인이가 두산이의 등을 밀어냈다.

"됐어. 걸어갈 수 있어."

하지만 두산이는 제인이를 번쩍 업고 일어나며 말했다.

"업히라니까."

제인이가 놀라 소리쳤다.

"야! 내려 줘."

두산이는 대꾸도 하지 않고 뛰기 시작했다. 결국 두산이한테 업혀서 양호실까지 간 제인이. 부끄러워서 얼굴이 빨개졌다. 양호 선생님이 제인이의 무릎을 보고 말했다.

"넘어졌구나. 소독하고 약 바르면 되겠다. 걱정 안 해도 돼."

그러더니 두산이에게 말했다.

"호호호. 두산이가 제인이 보호자구나!"

제인이가 얼른 손을 내저으며 말했다.

"아니에요!"

"아니긴. 이렇게 땀을 뻘뻘 흘리며 업고 왔는데도?"

정말 그랬다. 얼마나 열심히 뛰었는지 두산이의 얼굴은 땀범벅이었다. 그 모습을 보고 있던 영웅이는 지난해 여름, 캠프에서의 일이 생각났다. 그때도 1등이었던 두산이는 제인이를 기다려 줬다. 제인이가 꼴찌를 해서 벌칙을 받게 될까 봐.

'왜 이렇게 제인이를 챙기는 거지?'

영웅이는 제인이에 대한 두산이의 행동이 특별하다는 것을 느꼈다.

그리고 이상하게 기분이 별로였다. 왜일까?

양호 선생님이 약을 바르고, 거즈를 붙여 주며 말했다.

"멍이 올라오면서 더 아플 거야. 며칠간 운동은 좀 쉬는 게 좋겠다."

제인이는 속상했다. 어떻게든 자신의 한계를 극복하고 싶었는데, 시작하자마자 다치고 말았으니 실망이 컸다.

그렇게 한바탕 소동이 끝난 후 오후 수업이 시작됐는데, 어 교감에게 특별한 손님이 찾아왔다. 어 교감이 반기며 말했다.

"웬일이야, 바쁘신 교수님께서."

이름은 나수재. 어 교감의 고등학교 친구로, 민국과학대 재료공학과 교수다.

"수선아, 나 좀 도와줘라."

어 교감은 어떤 일인지 묻지도 않고 선뜻 대답했다.

"어, 그래. 도와줄게. 뭔데?"

친한 친구이긴 하지만 서로 워낙 바쁜 사람들이라 일 년에 한두 번 얼굴 보는 게 고작이었는데, 이렇게 학교까지 찾아온 걸 보면 분명 심각한 일임을 직감했기 때문이다. 나 교수가 대답했다.

"사실 내가 요즘 신소재를 연구하고 있거든. 강철보다 10배나 더 강하면서, 면보다 얇고 부드러운 소재지."

어 교감이 놀라며 물었다.

"와! 그거 총알도 막고 그러는 거냐? 아이언맨이 입는 수트처럼?"

나 교수가 웃으며 대답했다.

"하하하. 그 정도는 아니고. 하지만 실용화만 되면 지금의 옷보다 훨씬 더 오래 입고 보풀도 전혀 안 생기는 획기적인 옷감이 될 거야. 산업 현장에서도 많이 사용될 테고."

"그럼 너 돈 많이 벌겠다."

어 교감의 말에 나 교수는 고개를 저으며 말했다.

"돈은 뭐……. 그런데 문제가 생겼어. 그동안 연구했던 자료가 유출된 것 같아."

"뭐라고? 아니, 어쩌다가?"

"모르겠어. 아침에 학교에 갔더니, 연구원들이 난리가 난 거야. 메인 컴퓨터에 들어 있던 자료가 전부 지워졌다고."

누군가 그동안의 연구 자료를 모두 지워 버렸다는 것. 그것도 복구가 안 되도록 영구 삭제를 시켰다는 것이었다.

"다행히 내 컴퓨터에 복사본이 저장되어 있긴 한데, 문제는 누가 왜 그랬냐는 거지."

나 교수의 말에 어 교감이 의견을 말했다.

"연구 성과를 가로채려는 거 아닐까? 그래서 자료를 복사한 다음, 메인 컴퓨터의 자료는 다 지운 거지. 네 컴퓨터에 복사본이 있는지 모르고 말이야. 의심 가는 사람은 있어?"

나 교수가 다시 고개를 저으며 말했다.

"모르겠어. 현재로서는 없어."

연구실에는 모두 다섯 명의 연구원들이 있는데, 연구실 문은 비밀번호를 눌러야 들어갈 수 있는 잠금장치가 설치되어 있고, 메인 컴퓨터도 비밀번호가 설정되어 있었다고 했다.

"비밀번호를 아는 사람은 나와 다섯 명의 연구원들뿐이야."

그들은 모두 자신의 제자들로, 석사 과정과 박사 과정에 있는 학생들이라는 것. 그러니 스승으로서 섣불리 제자들을 의심할 수도 없는 상황이라고 했다.

"그래서 너에게 조사를 부탁하는 거야."

스승이 제자들을 범인으로 의심하고, 직접 다그치고 조사하고 싶지는 않을 것이다. 그렇다고 경찰에 신고하면 제자들이 더 기분 나빠할 수도 있을 것. 결국 CSI가 비공식적으로 수사를 해 줬으면 하고 부탁하는 것

이었다. 나 교수가 덧붙였다.

"무엇보다 중요한 건 이번 사건이 외부에 알려지면 안 된다는 거야."

신소재 연구에 연구비를 댄 회사는 대기업인 삼화. 처음부터 철저한 보안을 계약 조건으로 했기 때문에 자료가 유출된 사실이 알려지면 그동안 받은 연구비를 다 돌려줘야 하는 일이 생길 수도 있다는 것이었다. 게다가 자료를 빼낸 사람이 먼저 신소재에 대한 특허를 진행하면, 그동안의 노력은 물거품이 될 수도 있다. 말 그대로 촌각을 다투는 일이다. 어 교감은 흔쾌히 수사를 맡기로 했다.

"알았어. 너무 걱정하지 마. 우리가 조사해 볼게."

그렇게 해서 아이들은 학교에 들어온 후 처음으로 사건을 맡게 되었다. 물론 비공식적으로 수사가 진행될 테지만 사건을 해결하느냐, 못 하느냐에 따라 어 교감의 자존심과 CSI의 체면이 달려 있으니, 아이들은 어깨가 무거웠다.

수상한 연구원

수업이 끝나자마자 아이들과 이 형사는 민국과학대 재료공학과 연구실로 갔다. 나 교수가 연구원들에게 이 형사와 아이들을 소개시켰다.

"이쪽은 어린이 사회 형사대와 이상해 형사님. 수사에 잘 협조해 주길 바란다."

"네."

연구원들이 굳은 표정으로 대답했다. 그런데 그중 한 명이 아이들의 눈에 띄었다. 까무잡잡한 얼굴에 짙은 눈썹. 다른 나라 출신이 분명했다. 나 교수가 자리를 비켜 주자, 이 형사가 말했다.

"일단 성함을 알았으면 좋겠는데요."

제일 나이가 많아 보이는 사람이 나서며 말했다.

"아, 네. 저는 연구장 서진한입니다. 박사 과정에 있고요."

그러자 나머지 사람들도 차례로 자기 소개를 했다. 석사 과정 2년 차 이성미와 박상훈, 1년 차 김민철, 그리고 마지막 한 명, 파키스탄에서 온 사람으로 이름은 오심 사자드, 박사 과정에 있었다.

소개가 끝나자 이 형사가 물었다.

"감사합니다. 그럼 오늘 아침 메인 컴퓨터 안의 자료가 삭제된 걸 제일 먼저 발견한 분이 누구죠?"

이성미가 손을 들며 대답했다.

"저요. 자료를 보려고 메인 컴퓨터를 켰는데, 하나도 없더라고요."

이 형사가 다시 물었다.

"그럼 어제 마지막으로 메인 컴퓨터를 쓴 분은 누구죠?"

연구원들이 곤란한 표정으로 서로의 눈치를 보더니, 모두 오심을 쳐다봤다. 오심은 이 형사의 질문을 이해하지 못했는지 당황하며 물었다.

"나 무슨 말인지 잘 몰라요. 다시 말해 주세요."

이 형사가 영어로 다시 질문하자, 오심은 그제야 손을 들며 말했다.

"아, 나예요."

이 형사가 오심이 메인 컴퓨터를 썼을 때 자료가 있었냐고 묻자, 오심이 고개를 끄덕이며 대답했다.

"예스. 있었어요. 분명히 있었어요."

그리고 그 시간은 오후 5시쯤이라고 했다. 이 형사가 다시 물었다.

"그럼 어제 제일 늦게 나간 분은 누구죠?"

연구원들이 다시 오심을 쳐다봤다. 이 형사가 영어로 다시 묻자, 오심이 대답했다.

"나, 나요. 공부하고 가느라 내가 제일 늦게 갔어요."

9시 5분쯤 나갔다는 것. 그러니까 제일 마지막에 메인 컴퓨터를 쓴 사람도, 연구실에서 제일 늦게 나간 사람도 오심이라는 말이다. 모두의 시선을 느꼈는지 오심이 당황해하며 말했다.

"나, 나는 아니에요. 정말이에요."

이 형사가 말했다.

"알겠습니다. 일단 연구실부터 조사하겠습니다. 자리 좀 비켜 주시겠어요?"

연구원들이 다른 방으로 자리를 옮기자, 이 형사가 아이들에게 지시했다.

"지문 채취하고, 사진 찍어."

외부인의 침입 흔적이 있는지 찾으라는 것. 치국이와 두산이는 연구실 내부 곳곳의 사진을 찍고, 하재와 제인이, 영웅이는 출입문 손잡이와 메인 컴퓨터 주변의 지문을 채취했다.

이 형사는 복도로 나가 CCTV 카메라를 찾았다. 연구실에서 엘리베이터 쪽으로 5미터쯤 가니, 천장에 CCTV가 달려 있었다. 카메라의 각도가 연구실을 향해 있어서 연구실에서 나온 사람, 들어간 사람이 다 찍혀 있을 게 분명했다. 그리고 엘리베이터 안과 현관 입구에도 CCTV가 있었다.

이 형사는 나 교수의 방으로 가서 연구실 주변의 CCTV 녹화 영상을 확인해 보겠다고 했다. 나 교수는 관리실로 이 형사를 데리고 가서 어제 저녁부터 오늘 아침까지 찍힌 세 곳의 CCTV 녹화 영상을 받아 주었다. 이 형사는 다시 연구실로 돌아와 명령했다.

"두산이는 CCTV 녹화 영상 확인해서 수상한 사람이 있는지 찾아봐. 그리고 오심은 내가 조사할 테니까, 너희들은 다른 연구원들 한 명씩 만나서 알리바이를 확인해 봐."

치국이는 김민철을 만났다. 어제 저녁부터 오늘 아침까지의 알리바이를 물었더니, 김민철이 대답했다.

"5시 45분쯤 퇴근해서 6시쯤 정문에서 여자 친구랑 만났어."

10시까지 여자 친구랑 같이 있다가 집에 들어갔고 오늘 아침에는 평소와 같은 시간에 출근했으니, 부모님이나 여자 친구에게 확인해 보라고 했다. 치국이가 단도직입적으로 물었다.

"비밀번호를 아는 사람은 교수님과 연구원들뿐이라고 하던데, 의심 가는 사람은 없나요?"

김민철은 단호한 표정으로 대답했다.

"없어. 복사본이 있는 걸 뻔히 아는데 왜 그런 짓을 하겠어."

김민철은 별다른 수상한 점이 보이지 않았다. 그 시간, 영웅이는 서진한과 만나고 있었다.

"난 감기 기운이 있어서 일찍 나갔어. 5시 30분쯤이었을 거야."

그러면서 기침을 하는데, 감기가 심해 보였다. 영웅이가 물었다.

"최근 연구실에서 의심 가는 사람이나 사건 같은 게 있었나요? 연구장이니까 잘 아실 것 같아서요."

서진한은 콜록거리며 대답했다.

"특별히 생각나는 건 없어. 현재 상황에선 오심이 좀 마음에 걸리긴 하는데, 그럴 사람은 아니야."

오심은 파키스탄의 유명 대학에서 석사 과정을 마치고, 3개월 전에 민국과학대 박사 과정에 입학하면서 연구실에 들어왔다는 것. 아직 한국어가 서툴러 의사소통이 어렵다 뿐이지, 연구도 열심히 하고 실력도 있다는 것이었다. 연구장이라 그런지 서진한은 오심을 믿고 있었다.

하재는 박상훈을 만나 알리바이를 물었다.

"6시쯤 나가서 집에 바로 갔어. 집에 전화해 봐."

박상훈은 휴대 전화까지 내밀며 적극적으로 자신의 알리바이를 증명하려 했다. 그러더니 잠시 망설이다가 말을 꺼냈다.

"솔직히 말이야, 우리 중 누군가가 진짜 범인이라면 오심이 제일 의심할 만하지."

"왜요? 메인 컴퓨터를 제일 마지막에 쓴 사람도, 연구실에서 제일 늦게 나간 사람도 오심이라서요?"

"그것도 그렇고. 솔직히 파키스탄에서는 우리가 하는 연구 같은 거 아직 못하거든. 그 자료만 가져가도 돈 엄청 벌걸."

박상훈은 오심이 범인일 거라고 생각하는 모양이었다.

제인이는 이성미를 만났다. 이성미는 6시 10분쯤 나갔고 동아리 후배를 만나 저녁을 먹고 집에 갔다고 했다. 제인이가 최근 연구실에서 수상한 일이 없었냐고 묻자, 이성미는 잠시 생각하더니 말했다.

"난 왜 그 자료를 지웠는지가 수상해."

파키스탄은?

서남아시아에 있는 나라로, 정식 이름은 파키스탄 이슬람공화국이야. 수도는 이슬라마바드. 영국의 지배를 받다가 1947년 분리 독립했고, 1956년에 공화국이 성립되었지. 면적은 남한의 8배나 되고, 인구는 약 2억 4천 3백만 명으로 세계 5위인데, 그중 97%가 이슬람교를 믿는 무슬림이야.

이건 또 무슨 소린가. 제인이가 의아한 표정을 짓자, 이성미가 말을 이었다.

"진짜 자료가 필요했다면 복사만 해 가도 됐을 일을, 왜 지우기까지 했느냔 말이지. 복사만 해 갔으면 오히려 발각되지 않았을지도 모르잖아. 그리고 영구 삭제를 해도 요즘은 컴퓨터 데이터 복구 업체에 맡기면 대부분 살릴 수 있어. 또 우리 중 누군가가 진짜 범인이라면, 교수님의 컴퓨터에 복사본이 있다는 걸 모를 리가 없잖아."

제인이가 질문했다.

"그럼 뭔가 다른 이유가 있다는 말씀이세요? 그게 뭔데요?"

이성미는 단호한 표정으로 대답했다.

"그건 나도 모르지. 그걸 너희들이 밝혀내야 되는 거 아냐? 확실한 증거도 찾고."

그렇다. 그게 바로 CSI가 할 일이다. 하지만 제인이는 이성미의 표정을 보고 생각했다.

'이성미는 뭔가를 알고 있어. 도대체 그게 뭘까?'

한편, 오심을 만난 이 형사는 한국으로 유학 온 이유를 물었다. 오심이 대답했다.

"한국이 연구 수준이 높고, 연구원 월급도 높아서요."

이 형사가 고개를 끄덕이더니 물었다.

"제일 마지막에 메인 컴퓨터를 사용한 이유는 뭔가요?"

"실험한 데이터를 석사 과정 연구원들이 입력하면, 박사 과정이 한 번 더 확인하거든요. 그 작업을 했어요."

원래 서진한과 번갈아 하는 일인데, 어제는 서진한이 아프다기에 자신이 했다는 것.

이 형사가 다시 물었다.

"평소 연구원들과의 사이는 어땠나요?"

오심은 어깨를 으쓱하며 말했다.

"내가 한국말이 서툴러서 대화가 조금 어렵지만 괜찮아요. 모두 잘 도와줘요."

오심 사자드. 현재로서는 그가 가장 의심할 만한 사람이다. 하지만 아직 그가 진짜 범인이라는 증거는 없다.

모두 다시 연구실에 모이자, 두산이가 CCTV 녹화 영상을 확인한 결과를 보고했다.

“오심이 밤 9시 5분에 연구실에서 나간 이후, 오늘 아침 8시 44분, 박상훈이 제일 먼저 연구실에 출근할 때까지 연구실 앞 복도 CCTV에 찍힌 사람은 한 명도 없어요.”

그러자 하재가 박상훈과 나눈 이야기를 전했다.

“박상훈은 오심을 범인이라고 생각하던데요.”

영웅이도 서진한이 했던 말을 전했다.

“서진한은 오심이 그럴 사람이 아니라고 했어요.”

제인이가 말했다.

“이성미는 범인이 굳이 자료를 삭제한 게 수상하다고 하던데요.”

그러자 두산이가 복잡하다는 듯 머리를 움켜쥐며 말했다.

“뭐야! 말이 다 다르잖아.”

그러게 말이다. 연구원들마다 서로 다른 말을 하고 있으니, 도대체 누가 범인이란 말인가!

범인이 남긴 단서

그때 이 형사가 말했다.

"문이 아니라면 창문으로 들어왔다 나갔다는 말인데."

그러더니 창문이 잠겨 있는지 일일이 열어 보았다. 아이들의 시선이 이 형사와 창문으로 쏠렸다. 그런데 다음 순간, 이 형사가 창문 하나를 벌컥 열며 말했다.

"이건 열려 있네!"

아이들이 모두 몰려가 창문 밖을 내다봤다. 창문 아래에는 화단이 있고 그 옆으로는 보도블록이 깔린 길이 나 있는데, 건물 뒤쪽이라 사람들의 왕래가 드문 것 같았다.

아이들과 이 형사는 곧바로 건물 뒤로 나가 연구실 창문 주변을 살폈다. 창문이 좀 높아 보였지만 힘껏 올라가면 넘어갈 수 있을 것 같았다. 그런데 창문 아래 화단을 살피던 치국이가 갑자기 소리쳤다.

"여기 발자국이 있어요!"

정말 화단 흙 위에 커다란 발자국 두 개가 선명하게 남아 있는 것이었다. 아이들은 발자국의 사진을 찍고, 크기를 재고, 차에서 도구를 가져와 발자국 본을 떴다. 발자국 크기는 280밀리미터 정도 됐다. 이 정도면 상당히 큰 발이었다. 순간, 이 형사는 오심을 조사했을 때 무심코 봤던 오심의 신발이 생각났다.

통제선 수사중
경찰 통제선 수사중

'발이 꽤 커 보이던데. 그렇다면 정말 오심일까?'

이 형사가 명령했다.

"연구원들 발 사이즈부터 확인해 봐."

아이들이 먼저 연구실로 가자, 이 형사는 남아서 주변을 좀 더 세밀하게 살폈다. 지금까지 연구원들의 입을 통해 수집된 상황은 모두 오심을 범인으로 지목하고 있다. 이제 화단에 찍힌 발자국마저 오심의 것이라고 밝혀지면 그가 진짜 범인이라는 것을 증명하는 결정적 단서가 된다. 그런데 이 형사는 그 발자국이 이상했다.

한편, 아이들은 연구원들을 다시 만났다. 그리고 연구원들의 발을 유심히 봤는데, 한눈에 봐도 오심의 발이 가장 커 보였다. 치국이가 발자국 사진을 보여 주며 말했다.

"창문이 열려 있어서 조사해 봤더니, 창문 아래 화단에 발자국이 남아 있었어요."

제인이가 자세히 설명했다.

"그러니까 범인은 창문으로 들어왔다 나간 거예요. 범인의 신발 크기는 280밀리미터 정도 돼요."

연구원들은 놀라 서로의 발을 쳐다봤다. 그러다가 모두의 시선이 오심의 발에 멈췄다. 서진한이 영어로 상황 설명을 해 주자, 오심은 화들짝 놀라며 말했다.

"나, 나는 아니에요."

영웅이가 말했다.

"신발 좀 벗어 주시겠어요? 신발 밑바닥의 무늬를 확인해 보려고요."

오심은 당황하며 신발을 벗어 주었다. 아이들은 방금 찍은 발자국의 사진과 오심의 신발 밑바닥의 무늬를 비교했다. 그런데 정말 똑같은 것이 아닌가!

"똑같아요."

영웅이의 말에 모두 놀라 오심을 쳐다봤다. 오심은 당황해 얼굴까지 빨개지며 부인했다.

"나, 나는 아니에요. 범인 아니에요."

하지만 발자국이라는 확실한 증거가 나오니, 이제 아무도 오심의 말을 믿지 않는 표정이었다. 김민철은 황당하다는 표정, 박상훈은 예상했다는 표정, 서진한은 실망했다는 표정을 지었다. 제인이는 얼른 이성미의 표정을 살폈다. 그런데 이성미는 알듯 모를 듯한 표정을 짓더니 고개를 돌려 버리는 것이었다. 제인이는 생각했다.

'오심이 범인이 맞다는 거야, 아니라는 거야?'

그때였다.

"자네가 어떻게 이럴 수가 있나!"

모두 놀라 뒤를 돌아보니, 나 교수가 노여운 표정으로 서 있었다.

"그동안 학비에, 생활비까지 대 주고 자네를 내 제자로 대했는데, 어떻게 이럴 수가 있어!"

나 교수가 오심에게 소리치자, 서진한이 얼른 말렸다.

"교수님, 진정하세요."

그런데 바로 그때, 언제 왔는지 이 형사가 말했다.

"잠깐만요. 오심 씨, 연구실에서도 그 신발을 계속 신고 있나요?"

그러자 오심이 책상 밑에 둔 슬리퍼를 보이며 대답했다.

"아니요. 나, 이 안에서 슬리퍼 신어요. 원래는 신발 벗어요. 책상 밑에 둬요. 그런데 나, 오늘은 정신없어서 신발 계속 신고 있어요."

이 형사가 말했다.

"그럼 누군가 어제 오심 씨의 신발을 가져가서 발자국을 찍을 수도 있었겠네요."

이 형사의 말에 연구원들이 다시 서로를 쳐다봤다. 그 누군가는 오심을 제외한 나머지 네 명을 뜻하는 말이었기 때문이다. 서진한이 나섰다.

"그럼 우리 중 누군가가 오심을 범인으로 몰기 위해 일부러 꾸민 일이라는 말인가요?"

순간, 아이들의 시선이 박상훈에게 쏠렸다. 박상훈도 아이들의 시선을 느꼈는지 당황하며 말했다.

"뭐야? 지금 나를 의심하는 거야? 왜?"

서로가 서로를 의심하는 상황. 이 형사가 현장을 정리하며 말했다.

"자, 자, 다들 진정하세요. 그러니까 제 말은 아직 범인을 단정할 수 없다는 겁니다. 지문 채취한 것과 메인 컴퓨터를 가지고 가서 좀 더 조사해 보겠습니다. 그래도 되겠죠?"

나 교수가 허락하자, 이 형사는 컴퓨터 본체를 분리해 가지고 나갔다. 연구실에서 나오자 제인이가 물었다.

"이 형사님, 왜 누군가가 일부러 오심의 발자국을 남겼다고 생각하시는 거예요?"

이 형사가 앞서가며 말했다.

"따라와 봐."

이 형사는 차에 컴퓨터 본체를 실은 후, 아이들을 데리고 아까 갔던 건물 뒤쪽 화단으로 갔다. 그러더니 발자국을 가리키며 말했다.

"이 발자국, 이상하지 않니?"

아이들이 모르겠다는 듯 고개를 갸웃하자, 이 형사가 말을 이었다.

"최근 일주일 이상 비가 안 왔잖아. 그런데 발자국이 너무 선명해."

그제야 아이들은 이상하다는 생각이 들었다. 영웅이가 말했다.

"그렇네요. 땅이 마른 상태에서는 이렇게 발자국이 선명하게 남을 수 없겠네요."

이 형사가 이어서 말했다.

"또 한 가지 단서는 바로 이 창문 높이야. 1미터 50센티미터 정도 되는데, 이 높이는 그냥 한 번에 올라갈 수 없는 높이지. 이럴 땐 창문틀에 손을 짚고 벽에 한쪽 발을 대고 지지한 다음, 몸을 더 올려야 창문

틀에 다리를 걸칠 수 있어. 그러니까 발자국이 이렇게 선명하게 찍힐 정도면 벽에도 신발에 쓸린 흙 자국이 남아 있어야 되는데, 봐. 아무런 자국이 없잖아."

정말 벽은 깨끗했다. 영웅이가 의견을 냈다.

"받침대를 놓고 올라간 게 아닐까요?"

치국이가 고개를 저으며 말했다.

"그럼 받침대 자국도 남아 있어야지. 신발 자국과 같이."

하재가 정리했다.

"그럼 오심의 신발로 발자국을 만든 사람이 진짜 범인이겠네요."

두산이가 의문을 제기했다.

"그렇다면 그 사람은 왜 오심을 범인으로 몰려고 한 걸까요?"

제인이는 이성미의 말이 생각났다.

"맞다! 이성미가 이상하다고 한 게 바로 이거 아닐까요? 이번 사건을 일으킨 뭔가 다른 이유요. 바로 오심을 자료 유출의 범인으로 만드는 게 이번 사건의 목적이라는 거죠."

"그럼 이성미는 알고 있겠네. 진범이 누군지, 왜 오심을 범인으로 만들려고 하는지."

하재의 말에 제인이가 어깨를 으쓱하며 말했다.

"이성미도 심증만 있지, 확실한 증거는 없는 것 같아. 우리더러 알아내라고 하더라고."

하재가 다시 의견을 말했다.

"그럼 역시 박상훈이 제일 의심스러워요. 오심이 돈 때문에 자료를 훔쳤을지도 모른다는 말도 우리가 오심을 더 의심하도록 일부러 한 말이 분명해요."

이 형사가 말했다.

"좋아. 오늘은 늦었으니 학교로 돌아가서 지문이랑 메인 컴퓨터부터 조사해 보고, 내일 박상훈이랑 오심의 관계에 대해 더 알아보자. 이성미한테도 다시 물어보고."

아직 확실하지 않지만 하마터면 죄 없는 오심을 범인으로 몰고 갈 뻔했다. 아이들은 다행이라는 생각이 들었다.

학교로 돌아온 후, 아이들은 연구실에서 채취한 지문의 감식을 의뢰하고, 이 형사는 컴퓨터를 과학 수사 연구소의 디지털 분석과에 맡겼다. 지워진 자료를 복원한 다음, 자료가 언제 지워졌는지 알아내면 범행 시간도 알 수 있을 것이다.

예상치 못한 반전

다음 날 아침, 지문 감식 결과는 예상대로 나수재 교수와 연구원 다섯 명의 것만 나왔다. 이 형사와 아이들은 메인 컴퓨터 조사 결과를 알아보기 위해 과학 수사 연구소로 갔다. 그런데 디지털 분석과의 고재만 박사가 예상치 못한 말을 했다.

"이 컴퓨터, 해킹 당한 흔적이 있어요."

이 형사가 놀라 물었다.

"해킹이요?"

"네. 컴퓨터에서 직접 자료를 지운 게 아니라, 다른 컴퓨터에서 해킹해서 이 컴퓨터에 접속한 후 자료를 지웠어요. 시간은 3월 10일 오후 5시 15분입니다. 이게 해킹한 컴퓨터의 IP주소예요."

IP주소는 바로 '29.11.22.234.' 집집마다 주소가 있듯이 인터넷에 접속하는 모든 기기들도 각각의 주소가 있다. 이러한 인터넷 상

의 주소를 IP주소라고 하는데, IP주소를 알면 인터넷에 접속한 컴퓨터에 대한 정보를 알 수 있다.

이 형사와 아이들은 학교로 돌아와 그 IP주소로 등록된 컴퓨터를 찾았다. 그런데 이게 웬일인가!

"뭐야! 연구실에 있는 컴퓨터잖아!"

이 형사의 말에 치국이가 확신에 찬 목소리로 말했다.

"그럼 박상훈이 맞네요. 박상훈이 연구실에 있는 컴퓨터로 메인 컴퓨터를 해킹한 거예요. 그리고 그걸 오심한테 뒤집어씌운 거죠."

이 형사가 벌떡 일어나며 말했다.

"연구실에 가서 어떤 컴퓨터로 해킹을 했는지부터 찾아보자."

아이들과 이 형사는 연구실로 갔다. 연구실에는 메인 컴퓨터를 포함해 각자 갖고 있는 컴퓨터와 공용 컴퓨터까지 모두 8대가 있었다. 그중 해킹을 당한 메인 컴퓨터 말고, 나머지 7대 중 한 대가 바로 해킹을 한 컴퓨터라는 것이다.

이 형사가 연구원들에게 말했다.

"컴퓨터에 손대지 마시고요. 각자 자신의 컴퓨터 비밀번호를 책상 위에 적어 놓고 나가 주세요."

연구원들이 나가자, 이 형사가 명령했다.

"IP주소 찾아봐."

아이들은 각 컴퓨터의 인터넷 창에 'IP주소'라고 타이핑했다. 그랬더니 그 컴퓨터의 IP주소가 나왔다. 제일 먼저 치국이가 소리쳤다.

"어! 박상훈 컴퓨터는 아닌데요. 주소가 달라요."

박상훈이 아니라면 누구란 말인가! 그때 영웅이가 소리쳤다.

"이거야! 서진한 컴퓨터!"

"정말?"

모두 영웅이에게 몰려들었다. '29.11.22.234.' 해킹한 컴퓨터의 IP주소와 동일한 주소였다. 전혀 예상치 못한 인물이라 아이들은 당황했다.

"서진한은 오심에 대해서 좋게 말했다면서?"

두산이의 말에 하재도 의문을 제기했다.

"서진한이 왜? 연구장인 사람이 왜 이런 일을 벌인 거지?"

그때였다. 서진한의 컴퓨터를 살펴보던 영웅이가 말했다.

“알겠어. 서진한이 왜 이런 일을 꾸몄는지.”

그러더니 영웅이가 화면을 가리키며 말했다.

“화면 하단에 열려 있는 인터넷 창이 있어서 클릭해 봤거든. 그런데 이게 나왔어.”

화면에 인터넷 카페 창이 떴는데, 카페 이름이 ‘다문화 반대 카페’였다. 두산이가 물었다.

“다문화 반대 카페? 이게 뭐야?”

영웅이가 설명했다.

“*다문화란 한 사회 안에 여러 민족이나 여러 국가의 문화가 같이 존재하는 것을 말해.* 최근 우리나라도 외국인들이 많아지면서 빠르게 다문화 사회가 되어 가고 있지.”

하재가 말했다.

“우리 반에도 김영미라는 애가 있는데, 엄마가 베트남 사람이야.”

영웅이가 말을 이었다.

“그래. 영미처럼 부모 중 한 분이 외국인인 경우를 다문화 가정이라고 해. 1970년대 이후 우리나라는 농촌 인구가 급격히 줄어들어 결혼 상대를 찾지 못한 남성들이 많아졌거든. 그래서 농촌 미혼 남성들이 베트남, 필리핀 등의 외국인 여성들과 결혼하면서 다문화 가정이 많아졌지. 또 최근에는 공부하러 온 유학생이나 일하러 온 근로자들도 많아

주제
우리나라에서는
남자가 살림해요.
냄새가
이상해요.
아가야, 이게 뭐니?

지면서 이들과 결혼해 다문화 가정을 꾸리는 사람들도 늘어났어."

치국이가 물었다.

"그러면 다문화 반대 카페는 다문화를 싫어하는 사람들이 모인 온라인 공간인가?"

"맞아. 다문화 사회가 되면서 경제 발전에도 도움이 되고, 다양한 언어와 문화를 공유하니 좋은 점도 많지만 한편으로는 문제점도 있어. 언어가 다르니 의사소통이 어렵고, 문화 차이로 인해 갈등이 생길 수도 있거든."

"서로 다른 문화권에서 살던 사람들이 함께 살다 보면 당연히 발생할 수 있는 문제 아닌가?"

제인이의 말에 영웅이가 설명했다.

"그렇지. 그런데 최근 몇몇 강력 사건의 범인이 외국인이라는 것이 알려지면서 외국인에 대한 반감이 커지고 있어. 그래서 이렇게 온라인에서 다문화 반대 카페도 생기게 된 거지."

하재가 황당하다는 듯 물었다.

"그러니까 서진한이 외국인을 싫어해서 죄 없는 오심을 범인으로 몰았단 말이야?"

그러자 영웅이는 카페의 '나의 활동' 탭에 들어가 '내가 쓴 글' 목록에서 서진한이 쓴 글을 찾아 클릭했다.

"이것 봐. 서진한이 카페에 쓴 글인데, 제목이 '우리 연구실을 좀먹는

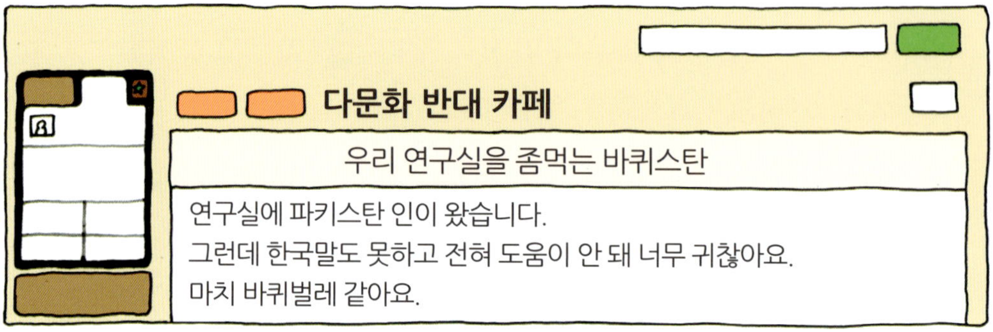

바퀴스탄'이야."

연구실에 파키스탄 인이 왔는데, 말도 안 통하고 도움도 안 되고 귀찮기만 한 바퀴벌레 같은 존재라는 것이었다. 두산이가 화가 난 표정으로 말했다.

"사람을 바퀴벌레에 비유하다니! 진짜 나쁘다!"

"결국 오심을 내쫓기 위해 꾸민 일이었군."

이 형사가 말했다. 예상치 못한 결과에 모두 기가 막힌 표정. 이 형사는 곧바로 서진한을 불러 물었다.

"왜 이런 일을 꾸민 거죠?"

서진한은 당당한 표정으로 대답했다.

"제 글 봤으면 아실 텐데요. 우리도 진짜 힘들게 살고 있는데, 왜 다른 나라 사람을 도와줘야 하는 거죠? 우리나라 연구원들도 국내 연구실에 취직하기가 얼마나 어려운 줄 아세요? 힘들게 공부해서 석사, 박사 딴 사람들도 갈 데가 없어요. 그런데 왜 남의 나라 사람들을 불러다 일을 시키느냐고요. 말도 안 통해서 일처리도 늦고, 그럴 때마다 우리가 다 도와줘야 돼요. 우리가 왜 그래야 하죠?"

"그래서 오심을 범인으로 몰아 학교에서 쫓아내려고 한 건가요?"

"네. 그래야 교수님도 다시는 외국인들을 연구원으로 뽑지 않을 테니까요."

자신은 잘못된 일을 바로잡은 것뿐이라는 서진한. 오심이 매주 수요일마다 공부를 하느라 늦게 가는 것을 알고, 일을 꾸미기로 한 것이다. 그리고 모두 점심 먹으러 구내식당에 간 사이에 감기를 핑계로 혼자 남아서 오심의 신발로 발자국을 만들고, 오후 5시 15분경 메인 컴퓨터를 해킹해 자료를 지우고는 일찍 나간 것이었다.

CCTV 녹화 영상을 확인해 보니, 정말 점심시간에 연구원들이 몰려나간 뒤 조금 이따가 서진한이 나왔다. 봉지에 뭔가를 넣어 나가는 모습, 그리고 10분쯤 후 다시 들어오는 모습이 찍혀 있었다. 그사이 오심의 신발로 발자국을 남기고 들어온 것. 처음 CCTV 녹화 영상을 확인할 때는 사건이 발생했을 가능성이 있는 저녁 시간부터 확인했기 때문에 보지 못했던 것이다.

사건의 전말이 밝혀진 후, 제인이는 이성미에게 물었다.

"서진한 씨가 범인인 거 알고 계셨어요?"

이성미는 고개를 저었다.

"그럴지도 모른다고 생각했을 뿐이야. 오심 선배가 범인으로 몰리는 걸 보고 혹시나 했지. 내 자리가 서진한 선배 바로 옆자리라서 선배가 다문화 반대 카페 회원인 거 알고 있었거든."

이 형사가 나 교수에게 수사 결과를 전하자, 나 교수는 괴로운 표정으로 말했다.

"연구실에서 이런 일이 일어나고 있는 줄도 모르고……. 제자들을 잘 살피지 못한 내 불찰입니다."

"어떻게 처리하시겠습니까?"

"외부로 자료가 유출된 것은 아니니 경찰에 고발하지는 않겠습니다."

하지만 서진한은 자신이 한 일에 책임을 지고 연구원 자리에서 물러나게 되었다. 이 사실을 전하자, 다른 연구원들은 오심에게 사과했다.

"의심한 거 미안해요."

박상훈의 말에 오심은 손을 내저으며 말했다.

"괜찮아요. 오해가 풀렸으니 다행이에요."

연구원들은 앞으로 오심과 더 잘 어울리며 서로 돕기로 약속했다.

학교로 돌아오는 길, 두산이가 말했다.

"글로벌 시대잖아. 그러니까 외국인들과도 함께 잘 어울려 살아야 되

글로벌 시대란?

영어로 '글로벌(global)'이란 '세계적인', '지구의'라는 뜻이야. 국경에 따라 시장을 구분하지 않고 전 세계를 하나의 시장으로 보고 경쟁하는 시대를 말하지. 이는 교통과 통신이 급격하게 발달하면서 지구가 마치 하나의 마을, 즉 지구촌이 되었기 때문이야. 그래서 이제 세계 여러 나라는 경제뿐 아니라 정치, 사회, 문화 등 다양한 분야에서 활발하게 교류하고 있어.

는 거 아닌가?"

"그렇지. 우리도 다른 나라에 가서 외국인이라는 이유로 차별 대우를 받으면 정말 속상할 거야."

제인이가 동의하자, 영웅이도 말했다.

"그러니까 서로 이해하고 도와주는 따뜻한 마음이 필요한 거지."

그렇다. 세상에는 나와 다른 사람들이 당연히 존재한다. 그들과 함께 살아가는 방법은 서로의 다름을 인정하고, 이해하는 마음이 아닐까?

그렇게 연구실 자료 삭제 사건은 잘 해결되었다. 하지만 솔직히 이번 사건은 아이들이 해결했다고 볼 수 없다. 이 형사가 발자국의 이상한 점을 발견하지 못했다면, 오심이 범인으로 몰렸을 테니까. 아이들은 스스로 아직 멀었다는 생각이 들었고 앞으로 열심히 배워야겠다고 결심했다.

영웅이가 들려주는 사건 해결의 열쇠

연구실에서 중요한 연구 자료가 삭제된 사건. 범인이 외국인 연구원에게 누명을 씌운 이유를 알아낼 수 있었던 것은 다문화 사회에 대해 잘 알았기 때문이야.

다문화 사회란?

우리나라를 대표하는 음식 하면 무엇이 떠오르니? 대부분 김치가 생각날 거야. 그럼 이탈리아는? 피자가 떠오르지. 이렇게 나라마다 대표하는 음식이 다른 이유는 문화가 다르기 때문이야. 문화란 함께 모여 살아가는 사람들이 오랜 세월에 걸쳐 만들어 낸 생활 방식이나 도덕, 관습, 언어, 예술 등을 말해.

그런데 요즘은 한 국가나 사회 속에 다양한 인종과 민족들이 함께 모여 살아가면서 여러 문화가 같이 존재하는 '다문화 사회'로 변화하고 있어.

〈다양한 인종이 함께 어울려 살아가는 다문화 사회〉

우리나라가 다문화 사회가 된 이유 중 하나는 1970년대 이후, 농촌의 미혼 남성들이 외국인 여성들과 결혼하면서 다문화 가정을 이루었기 때문이야.

다문화 가정이란 서로 다른 인종과 문화를 가진 사람들이 결혼을 하게 되어 한 가족 안에 다양한 문화가 존재하는 가정을 뜻해. 2000년대 이후에는 공부를 하기 위해 온 유학생이나 일을 하기 위해 온 외국인들이 급격히 늘었고, 이들이 우리나라 사람과 결혼하면서 다문화 가정의 비율이 높아졌지. 2015년 기준, 다문화 가족은 약 80만 명을 넘어섰어.

다문화 사회가 가져온 변화

다문화 사회가 되면서 우리나라에도 여러 가지 변화가 생겼어. 우선 여러 나라의 전통 요리나 의상, 놀이 문화를 체험해 볼 수 있는 공간들이 늘어났어. 서울의 이태원이나 안산의 다문화거리 등이 대표적이야. 이를 통해 다른 문화에

〈다문화 먹거리 체험〉

대한 이해의 폭이 넓어지고 있지. 또 우리나라 사람들이 하기 꺼려하는 일을 외국인 근로자들이 맡아 하게 되면서 경제 발전에 도움을 주고 있어.

하지만 다문화 사회는 다양한 인종과 문화를 가진 사람들이 모여 살기 때문에 발생하는 어려움도 많아. 무엇보다 언어와 문화가 다르기 때문에 의사소통에 불편함을 겪지. 또 이를 악용해 외국인 근로자에게 월급을 적게 주거나 지나치게 많은 일을 시키는 등 부당한 대우를 하는 경우도 있어.

한편 외국인들이 절도나 폭행 등의 범죄를 일으켜 사회 문제를 발생시키기도 해. 이로 인해 최근 다문화 사회를 비판하는 목소리도 나오고 있고, 다문화를 혐오하는 인터넷 카페 등도 생겨나고 있지.

〈다문화 사회에서 일어나는 여러 가지 문제들〉

바람직한 다문화 사회를 위한 노력

다문화 사회는 이미 우리 사회의 한 모습이야. 그러니까 보다 바람직한 다문화 사회를 만들어 가도록 노력하는 것이 중요해.

먼저 다양한 국적의 사람들을 긍정적인 마음으로 받아들이고 존중하는 자세가 필요하지. 또 외국인 근로자나 국제결혼 이주자 등이 우리나라에서 잘 적응할 수 있도록 도움을 주어야 해. 우리나라는 '다누리' 홈페이지를 통해 다문화 가정의 취업과 의료 활동을 지원하고, 한국어를 체계적으로 배울 수 있는 기회를 제공하는 등 다양한 정책을 시행하고 있어.

앞으로도 정부와 국민이 한마음으로 노력한다면, 모두가 함께 행복한 다문화 사회를 만들 수 있을 거야.

〈다문화 가정을 위해 정부가 제공하는 '다누리' 홈페이지〉

그러니까 생각해 봐. 처음에는 여러가지 상황과 외국인이라는 이유로 외국인 연구원에게 의심의 눈길을 보냈어. 하지만 컴퓨터가 해킹 당했다는 사실과 범인이 다문화 혐오 카페의 회원임을 알아냈지. 결국 외국인에 대한 편견을 가진 연구원이 외국인 연구원을 내쫓기 위해 누명을 씌웠다는 것을 밝혀낼 수 있었어.

사건2

그녀의 아르바이트

"두 사람이 왜 헤어졌는데요?"
제인이가 묻자 서찬미가 대답했다.
"그건 몰라. 소윤이가 말을 안 하더라고.
꼬치꼬치 캐묻기도 그래서 더 이상 얘기 안 했어."

살인 사건을 맡다

제인이가 전화를 끊으며 혼잣말을 했다.

"이상하다. 왜 안 받으시지?"

영웅이가 물었다.

"누구? 할머니?"

"응. 아침부터 전화했는데 안 받으셔. 무슨 일 있나?"

영웅이가 휴대 전화를 꺼내며 말했다.

"우리 엄마한테 전화해 볼게."

아이들은 학교생활에 적응하기 위해 한 달 동안 외출 금지령이 내려진 상태. 집에 가고 싶은 마음이 굴뚝같았지만 꾹 참고 버티고 있었다. 특히 제인이는 혼자 계신 할머니가 늘 마음이 쓰여, 아침마다 전화를 드렸다. 그런데 제인이가 전화할 줄 알면서도 오전 내내 전화를 안 받으신다는 건 분명 무슨 일이 생긴 것이다.

영웅이 엄마가 전화를 받자마자 말했다.

"제인이네 할머니 때문에 전화했지?"

영웅이가 놀라 물었다.

"네. 혹시 제인이 할머니한테 무슨 일 있으세요? 전화를 안 받으신다고 해서요."

제인이가 얼른 전화를 가로채 말했다.

"아주머니, 저 제인이에요."

"그래, 제인아. 할머니가 어제 급체를 하셨나 봐. 그래서 내가 새벽에 응급실에 모시고 갔어. 지금은 괜찮으시니까 걱정 안 해도 돼."

영웅이 엄마가 병원에서 할머니를 돌보고 있고, 이제 곧 퇴원하실 거라고 했다. 응급실에 모시고 갈 때 할머니의 휴대 전화를 집에 두고 와서 전화를 못 받았다는 것이었다. 할머니 소식을 듣고 제인이는 눈물이 그렁그렁해 말했다.

"감사합니다. 정말 감사합니다."

할머니 혼자 얼마나 힘드셨을까 생각하니, 제인이는 마음이 너무 아팠다. 그리고 언제나 한 가족처럼 돌봐 주시는 영웅이 부모님께도 감사한

마음이 들었다.

전화를 끊자, 영웅이가 제인이를 위로했다.

“울지 마. 이제 괜찮다고 하시잖아.”

그러나 제인이의 눈물은 쉽게 멈추지 않았다.

그런데 그 모습을 보고 있는 아이가 있었으니, 바로 백두산. 솔직히 두산이는 처음 만났을 때부터 제인이가 좋았다. 작은 체구에서 뿜어져 나오는 당돌함과 귀여움이 마음에 쏙 들었다. 그래서 좋아하는 티도 많이 냈다.

하지만 제인이는 두산이의 마음을 너무 몰라준다. 게다가 제인이의 옆에는 언제나 영웅이가 있다. 어렸을 때부터 친구였으니 둘이 더 친한 것은 당연하겠지만 그래도 두산이는 영웅이가 부러웠다.

그런데 바로 그때, 치국이가 아이들을 불렀다.

“애들아, 이 형사님께서 교장실로 모이래. 사건이래!”

갑자기 사건이라니, 제인이는 얼른 눈물을 닦았다.

모두 교장실에 모이자, 이 형사가 설명했다.

“학교 인근 빌라에서 살인 사건이 발생했어. 이름은 길소윤, 나이는 23세.”

살인 사건이라는 말에 아이들은 오싹한 기분이 들었다. 지난번 치국이네 앞집에서 발생한 살인 사건 현장에 가 보기는 했지만, 그때는 이미 시신도 다 치워지고 현장 정리가 되어 있는 상태였다.

어 교감이 아이들의 표정을 살피며 물었다.

“겁나지? 살인 사건이라니까.”

치국이가 얼른 고개를 저으며 대답했다.

“아, 아니요. 하나도 겁 안 나요.”

공 교장이 이 형사에게 말했다.

“아이들은 시신 수습한 다음에 들어가게 해.”

공 교장은 언제나 아이들을 사려 깊게 살폈다.

이 형사와 아이들은 곧바로 살인 사건이 발생한 빌라로 출동했다. 사건 현장에는 출입 금지선이 쳐져 있고, 경찰이 지키고 있었다.

이 형사가 먼저 들어가 다른 경찰들과 함께 시신을 수습해 가지고 나왔다. 구급차가 시신을 싣고 떠나자, 아이들은 이 형사를 따라 사건 현장으로 들어갔다.

그런데 그때였다.

“아, 어떻게 들어가지?”

두산이의 뒤에서 하재가 초조한 듯 혼잣말을 했다. 두산이는 하재가 보기와는 다르게 겁이 많다는 것이 생각났다. 지난번 담력 테스트 때도 결국 포기하지 않았던가. 두산이가 하재를 돌아보며 작은 소리로 말했다.

“무서우면 내 뒤에 있어.”

두산이의 말에 하재는 왠지 고맙고 든든한 마음이 들었다. 사건 현장은 빌라 2층, 201호. 현관문을 열자, 어지럽혀진 거실이 눈에 들어왔다. 길소윤의 집은 방 한 칸에 거실과 주방이 있는 구조로, 7평 정도 되는 작은 공간이었다.

거실의 상태로 봐서 사망하기 전 피해자와 범인 간에 몸싸움이 있었던 게 분명했다. 이 형사가 거실 소파 쪽을 가리키며 말했다.

"피해자의 사인은 목 졸림에 의한 사망이고, 여기 거실 소파 앞에 숨져 있었어."

목 졸림에 의한 사망이라 핏자국은 없었지만, 시신이 있던 자리를 흰색 선으로 표시해 놓은 것만으로도 아이들은 머리가 쭈뼛 서는 게 느껴졌다. 이 형사가 말을 이었다.

"사건 현장 사진은 다 찍었으니까 지문 채취하고, 증거물 찾아."

치국이랑 하재는 지문을 채취하고, 다른 아이들은 방, 거실, 주방을 한 곳씩 맡아 샅샅이 뒤지기 시작했다. 이 형사가 다시 말했다.

"몸싸움이 있었으니까 분명히 흔적이 남아 있을 거야. 잘 찾아봐."

그때였다. 영웅이가 소파 밑에서 짧은 머리카락 한 올을 찾아 집게로 집어 보이며 말했다.

"이거 남자 머리카락 같은데요."

이 형사가 와서 보더니 고개를 끄덕이며 말했다.

"그래. 피해자는 갈색머리야. 이 머리카락 길이로 봐서는 남자인 것 같군. 또 있나 찾아봐."

소파 밑에는 모두 세 가닥의 짧은 머리카락이 떨어져 있었다. 두산이가 말했다.

"용의자를 찾으면 DNA 검사를 해 보면 되겠네요."

진짜 범인의 머리카락이라면 정말 중요한 증거물이다. 그런데 이렇게 빨리 찾아내다니! 아무래도 이번 사건은 쉽게 풀릴 것 같은 느낌이 들어 아이들은 살짝 흥분이 되었다.

이 형사가 집 안을 둘러보더니 말했다.

"지갑이 그대로인 걸로 봐서 돈을 노린 것 같진 않은데……. 피해자의 휴대 전화는?"

"없어요."

영웅이가 대답하자, 하재가 의견을 말했다.

"범인이 가져간 게 아닐까요? 휴대 전화에 범인에 대한 증거가 있는 거예요. 그래서 들키지 않으려고 가져간 거죠."

이 형사가 고개를 끄덕이며 말했다.

"그럼 피해자 주변 인물부터 조사해 보자. 그리고 부검을 해 봐야 알겠지만 시신의 상태로 봐서 살해된 지 12시간 이상 지난 듯했어."

그럼 지난밤에 살해됐을 가능성이 크다는 뜻. 또 몸싸움을 벌였으니까 이웃에서 싸우는 소리를 들은 사람이나, 피해자와 가해자를 본 사람이 있을 수 있다. 이 형사가 명령했다.

"제인이, 영웅이는 신고자 만나 보고, 치국이, 하재, 두산이는 목격자 조사해 봐."

이 형사는 아이들이 채취한 지문과 증거물을 가지고 학교로 가서 감식을 의뢰하기로 했다.

수상한 남자 친구

제인이와 영웅이는 신고자인 서찬미를 찾아갔다. 서찬미는 피해자와 같은 회사에 다니는 동료. 회사는 피해자의 집에서 10분 정도 거리에 있는 공장으로, 피해자는 생전에 그곳에서 경리로 일하고 있었다. 제인이가 물었다.

"오늘 낮 12시 30분쯤 신고하셨다고 하던데요?"

"소윤이가 어제 몸이 안 좋다고 월차를 냈거든. 그런데 오늘 아침에도 안 나왔더라고. 전화도 안 받고. 그래서 부장님이 점심시간에 찾아가 보라고 해서 소윤이 집에 갔지."

그런데 아무리 벨을 눌러도 대답이 없길래 혹시나 싶어 문을 당겨 봤는데 열려 있더라는 것.

"문을 열어 보니, 소윤이가 거실에 쓰러져 있는 거야. 난 아파서 쓰러진 줄 알았어."

그래서 얼른 뛰어 들어가 몸을 일으켰는데 이미 사망해 있었다는 것이었다.

"어떻게 이런 일이……. 정말 착한 친구였는데, 흑흑흑."

끔찍한 장면을 본 충격과 친구를 잃은 슬픔에 서찬미는 몸을 떨며 눈물을 흘렸다. 서찬미가 진정될 때까지 기다린 후 영웅이가 물었다.

"부검을 해 봐야겠지만 어젯밤 사망한 것으로 추정되는데, 혹시 최근에 이상한 점은 없었나요? 월차를 낸 다른 이유가 있었다거나."

서찬미가 잠시 생각하더니 대답했다.

"소윤이가 계속 몸이 안 좋긴 했어. 기분도 처져 있었고. 무슨 일 있냐고 물었는데, 별 거 아니라고 하더라고. 그냥 몸살이라고. 그것 말고는 특별히 이상한 점은 없었어."

"현재 조사한 바로는 범인이 피해자와 잘 아는 사람일 확률이 높아요.

혹시 의심 가는 사람이 있으세요?"

제인이의 질문에 서찬미는 잠시 생각하더니, 고개를 저었다.

"아니야. 그 사람은 아닐 거야."

영웅이가 재촉했다.

"누군데요? 조금이라도 의심 가는 사람이 있다면 다 말씀해 주셔야 돼요."

"사실 소윤이가 사귀던 남자 친구랑 두 달 전에 헤어졌거든. 마음이 아파 그랬는지 그때부터 계속 몸이 안 좋았어."

제인이가 물었다.

"그 사람 이름이랑 전화번호 아세요?"

"이름은 하진우인가 그래. 전화번호는 내가 모르지. 아! 소윤이 휴대 전화에 있지 않을까?"

영웅이가 말했다.

"피해자의 휴대 전화가 없어졌어요. 하지만 통신사에 조회해 보면 자주 통화한 번호를 알 수 있을 거예요."

"두 사람이 왜 헤어졌는데요?"

제인이가 묻자 서찬미가 대답했다.

"그건 몰라. 소윤이가 말을 안 하더라고. 꼬치꼬치 캐묻기도 그래서 더 이상 물어보지 않았어."

"하진우라는 사람에 대해 아시는 것 있으면 더 말씀해 주세요."

"회사 앞에 소윤이 데리러 몇 번 왔을 때 본 게 다야. 키도 크고 훤칠하게 생겼어. 나이는 소윤이보다 다섯 살 많은데 부잣집 아들인 것 같더라고. 소윤이 데리러 올 때도 외제차 타고 오고. 그래서 회사 사람들이 다 놀라고 그랬지."

그렇다면 일단 하진우부터 찾아야 한다. 영웅이와 제인이는 학교로 돌아가 길소윤의 휴대 전화 통화 기록부터 조사해 보기로 했다.

하진우에게 연락해 보면 어떤 단서라도 얻을 수 있지 않을까?

한편, 목격자를 찾아 나선 아이들은 먼저 같은 빌라에 사는 사람들부터 만나 보기로 했는데, 다행히 바로 위층에 사는 아주머니가 길소윤을 잘 알고 있었다.

"어제도 보셨나요?"

하재가 묻자, 아주머니가 대답했다.

"봤지. 저녁 6시쯤 나가더라고."

두산이가 물었다.

"들어오는 건 못 보셨고요?"

"못 봤어. 그런데 밤 12시쯤 됐을 거야. 아랫집에서 다투는 소리 같은 게 들리더라고."

아이들의 눈이 번쩍. 치국이가 얼른 물었다.

"다투는 소리요?"

"응. 우리 집에 TV를 틀어 놓아서 잘 들리지는 않았는데, 아가씨 혼자 사는 조용한 집에서 투닥거리는 소리가 나니까 이상하다 했지."

그래서 내려가 볼까 하다가 밤도 늦었고, 금방 조용해지기에 그냥 집에 있었단다. 그렇다면 길소윤은 어제 저녁 6시쯤 나갔다가 누군가와 함께 집으로 왔을 것이다. 그리고 밤 12시쯤 그 사람과 다투다가 살해당했을 확률이 높다. 아이들은 학교로 돌아와 이 형사에게 보고했다.

"하진우가 가장 유력한 용의자 아닐까요? 어젯밤 하진우를 만난 게 분명해요."

치국이의 말에 두산이가 물었다.

"두 달 전에 헤어졌다면서?"

치국이가 말했다.

"다시 만났을 수도 있지."

그러자 이 형사가 종이를 내밀며 말했다.

"피해자의 최근 통화 기록이야."

영웅이가 놀라 말했다.

"어, 저희도 찾아보려고 했는데!"

역시 재빠른 이 형사다. 벌써 통신사에 의뢰해 길소윤의 통화 기록을 받아 놓은 것이다. 이 형사가 말을 이었다.

"두 달 전까지 거의 매일 통화하다 딱 끊긴 번호가 하나 있는데, 바로 이거야."

030-2345-3456. 제인이가 말했다.

"하진우 번호겠네요. 두 달 전부터 통화가 끊겼다면 어제 만난 사람은 하진우가 아닐 거예요."

치국이가 말했다.

"그건 모르지. 연락 없이 집에 직접 찾아왔을 수도 있는 거 아냐?"

그때 이 형사가 난감한 표정으로 말했다.

"그런데 문제는 이 전화가 다른 사람의 명의를 도용해 만든 대포폰이라는 거야."

"네? 대포폰이요?"

모두 놀라 소리쳤다. 이 형사가 이어서 설명했다.

"휴대 전화의 명의자를 조사해 보니 75세, 양순희 할머니. 이상하다 싶어서 전화했더니 계속 안 받더라고. 할머니의 이름을 도용해 만든 휴대 전화인 거지."

제인이가 의문을 제기했다.

"서찬미가 그 사람 부잣집 아들 같다고 했는데, 왜 대포폰을 쓴 걸까요?"

"대포폰은 자신의 신분을 감추기 위해 쓰는 거잖아. 나쁜 일 하는 사람들이 쓰는 거 아냐?"

하재의 말에 치국이가 뻔하다는 표정으로 말했다.

"그럼 부잣집 아들이 아니라 사기꾼인가 보지."

그렇다면 하진우가 더 수상하다. 길소윤 집에서 남자의 것으로 보이는 머리카락이 나왔고, 지금까지 알아낸 바로는 길소윤 주변의 남자는 하진우밖에 없다. 그러니 하진우가 현재 가장 유력한 용의자. 이제 하진우를 찾아서 사건 현장에서 발견된 머리카락과 DNA를 대조해 보면 그가 범인인지 아닌지 분명히 밝혀질 것이다.

"여하튼 하진우부터 찾아야 될 것 같아요."

제인이의 말에 이 형사가 고개를 끄덕이며 말했다.

"그래. 오늘은 늦었으니까 내일 아침 피해자 집에 가서 하진우에 대한 단서 찾아보고, 통화 목록에 있는 번호들에 전화해서 어젯밤에 만났을 만한 사람이 있나 더 찾아봐. 난 조금 이따가 피해자 어머니 올라오시면 만나 볼 테니까."

잠시 후, 이 형사는 길소윤의 어머니를 만났다. 어려운 가정 형편 때문에 고등학교를 졸업하고 바로 서울로 와서 회사에 취직한 길소윤은 월급을 받는 대로 어머니께 생활비를 보내 드리고 남는 돈은 꼬박꼬박 저축하는 착한 딸이었다고 한다.

"아이고, 소윤아! 어떻게 이렇게 가니? 엄마는 너 없이 어떻게 살라고……. 흑흑흑."

남편 없이 혼자 애지중지 키운 딸을 잃은 길소윤의 어머니는 슬픔에 몸을 가누지 못했다. 이 형사는 길소윤의 어머니가 진정되기를 기다렸다가 남자 친구에 대해 물었지만 별다른 정보를 얻지 못했다.

"남자 친구가 있다는 얘기만 들었지, 사진 한 장 본 적이 없어요. 몇 번 물어도 때 되면 소개하겠다고 해서 궁금해도 참고 있었죠."

하진우. 도대체 그는 누구인가? 정말 길소윤의 죽음과 관련이 있는 것일까?

새로운 사실

다음 날 아침, 부검 결과가 나왔다. 사인은 예상대로 목 졸림에 의한 사망. 여기저기 반항하다 생긴 멍 자국이 남아 있으며, 사망 추정 시간은 밤 12시에서 1시 사이라고 했다.

제인이와 영웅이는 어제 이 형사가 시킨 대로 길소윤의 통화 목록에 있는 번호로 일일이 전화를 했다. 그런데 하다 보니 이상한 점이 있었다. 한 달 전 전화한 통화 목록 중 이틀 사이에 편의점 세 군데, 음식점 두 군데, 그리고 호프집 네 군데에 전화를 한 것이다. 그리고 그들 중 대부분은 길소윤에 대해 기억하지 못했다.

"어떻게 된 거지?"

영웅이가 황당한 표정으로 말했다. 그런데 그 의문은 제인이가 건 다음 전화로 해결됐다. 전화를 받은 남자는 제인이가 길소윤에 대해 묻자, 다짜고짜 화를 냈다.

"아니, 그 아가씨 어떻게 된 거야? 어제 왜 안 나와? 전화도 안 받고 말이야. 내가 얼마나 황당했는 줄 알아?"

제인이가 물었다.

"안 나오다니요? 거기가 어딘데요?"

"일하러 와야지. 여기 편의점이야. 알고 전화한 거 아니야?"

남자는 옆 동네에 있는 편의점 주인이라고 했다. 제인이가 신분을 밝히고 물었다.

"그럼 길소윤 씨가 거기서 일을 했었나요?"

"응. 한 달 전부터 저녁 6시 반부터 11시 반까지 일했어. 그런데 어제 연락도 없이 안 나오더라고. 전화해도 안 받고."

제인이는 길소윤에게 일어난 일에 대해서 얘기했다. 그러자 주인은 깜짝 놀라며 말했다.

"뭐? 아니, 어떻게 그런 일이……. 난 그런 줄도 모르고. 쯧쯧, 젊은 아가씨가 안됐네."

잠시 후 조사하러 가겠다고 하고 전화를 끊자, 영웅이가 물었다.

"그럼 살해 당일 저녁 때 외출했던 게 일하러 갔던 거야? 남자 친구 만나러 간 게 아니고?"

"그랬나 봐. 편의점에서 일했다고 하니, 아르바이트를 한 거지."

"아르바이트?"

영웅이가 묻자, 제인이가 설명했다.

"본래의 직업이 아닌, 임시로 하는 일. 우리말로 부업이라고 하지."

"아르바이트는 직업이라고 할 수 없는 건가?"

"보통 직업은 살아가는 데 필요한 돈을 벌기 위해 일정 기간 이상 일을 하는 것을 말하거든. 너희 아빠는 직업이 공무원이고, 고모는 직업이 변호사인 거지."

늦었다.
아이고, 힘들어.
돈이 차곡차곡
모이고 있네.

"나도 알아. 선생님, 의사, 연예인, 이런 게 직업이잖아."

"맞아. 보통 직업은 오랜 기간 같은 일을 하는 경우를 말해. 그런데 아르바이트는 대부분 오랫동안 계속하는 게 아니라 임시로 하는 경우가 많고, 또 하루에도 일정 시간만 일하는 경우가 많거든. 그래서 아르바이트는 직업이 아닌 별도의 수입을 얻기 위해 하는 부업이라고 할 수 있지."

영웅이가 고개를 끄덕이더니 말했다.

"그렇구나. 그런데 길소윤은 원래 직업이 있잖아."

"맞아. 공장에서 경리 일을 하고 있었으니까 직업은 회사원인 거지."

"그런데 왜 또 아르바이트를 한 거지?"

제인이가 의견을 말했다.

"일을 하는 데는 여러 가지 이유가 있어. 가장 큰 이유는 소득, 즉 돈을 벌기 위해서지. 돈을 벌어야 먹고살 수 있으니까. 물론 사회에 속한 한 사람으로서 맡은 역할을 하기 위해서, 또 일을 통해 자신의 꿈과 능력을 펼치기 위해서 직업을 갖기도 하지만 말이야."

경리란?

어떤 기관이나 단체에서 물품과 돈을 관리하고, 세금 계산서를 발행하고, 세금 신고를 하는 등의 일, 또는 그 부서나 사람을 말해. 한마디로 회사나 기관의 전체 살림을 맡아 하는 것이라 할 수 있지. 그래서 경리 일을 하려면 꼼꼼하게 돈 계산을 하고 관리하는 습관과 능력이 필요해.

영웅이가 이해하겠다는 듯 고개를 끄덕이며 말했다.

"그럼 직업도 있는데, 편의점에서 또 아르바이트를 했다는 건 급하게 돈이 필요했다는 얘기 아닐까?"

제인이가 동의했다.

"나도 그렇게 생각해. 그런데 왜 갑자기 아르바이트까지 해야 할 만큼 돈이 필요했던 걸까?"

그러게 말이다. 영웅이와 제인이는 이 형사에게 보고하고 편의점으로 향했다.

여하튼 길소윤은 사건 당일, 밤 11시 반까지 편의점에서 일을 했다는 새로운 사실이 밝혀졌다. 그렇다면 그 후 길소윤과 함께 집으로 온 사람은 누구일까?

한편, 길소윤의 집에 간 아이들은 하진우에 대한 증거를 찾기 위해 집 안 구석구석을 뒤졌다. 두산이가 거실을 뒤지며 툴툴거렸다.

"남자 친구인데 어떻게 사진 한 장이 없냐?"

하재가 부엌을 뒤지며 말했다.

"요즘은 다 휴대 전화로 사진 찍잖아."

그렇다. 휴대 전화로 찍어서 저장해 두고 언제든 볼 수 있으니, 따로 출력해 두지 않았을 수 있다. 그런데 바로 그때였다. 안방 옷장 서랍에서 옷 사이를 뒤지던 치국이의 손에 뭔가 빳빳한 것이 만져졌다. 꺼내 보니, 통장이었다.

"어, 통장이네!"

치국이의 말에 두산이와 하재가 방으로 왔다. 치국이가 통장을 펼쳐 보고는 말했다.

"하나는 적금 통장이고, 또 하나는 일반 입출금 통장이야."

하재가 적금 통장을 받아 살피더니 말했다.

"적금 통장은 이미 해지했네. 세 달 전에 850만 원을 한 번에 인출했어."

그러자 입출금 통장을 살피던 치국이도 말했다.

"여기서도 돈이 많이 빠져나갔는데. 5개월 전부터 500만 원, 300만 원, 450만 원, 세 차례나."

두산이가 계산해 보더니 말했다.

"그럼 모두 합치면 2100만 원! 그 큰돈을 다 어디에 쓴 거지?"

하재가 말했다.

"혹시 하진우한테 준 거 아냐?"

부잣집 아들이라지만 지금까지의 조사 결과로는 오히려 사기꾼일 가능성이 더 많으니, 충분히 그랬을 수도 있다. 그런데 치국이가 통장을 다시 보며 말했다.

"아니야. 양태만이란 사람한테 보냈는데."

이체 기록에 금빛은행 양태만이라고 찍혀 있는 것이었다. 두산이가 의문을 제기했다.

"양태만은 또 누구지?"

치국이가 의견을 냈다.

"금빛은행에 알아보자."

맞다. 은행에 알아보면 양태만에 대한 정보를 얻을 수 있을 것이다.

한편, 영웅이와 제인이는 편의점 주인을 만났다.

"11시 반에 나갔어. 그날 일한 지 한 달이 된 날이라 아르바이트비를 정산해 줬거든. 내가 직접 줘서 기억나."

"아르바이트비요?"

아이들이 되물었다.

"응. 하루 다섯 시간씩 일했으니까, 70만 원 정도 됐어."

이건 또 새로운 이야기다. 하필 아르바이트비를 받아 간 날 살해당했다? 그렇다면 범인은 피해자가 아르바이트비를 받는 날인 줄 알고 그 돈을 노린 것일까? 그날 밤, 편의점에서 나간 후 길소윤의 행적을 알아야 한다.

하진우가 아닌 양태만

모두 다시 학교에 모였다. 아이들이 조사 결과를 보고하자, 이 형사가 그사이 알아본 길소윤의 신용 카드 조회 내역을 보여 줬다.

"신용 카드로도 대출을 받았어. 두 번에 걸쳐서 총 1500만 원."

"헉! 그럼 통장에 있던 2100만 원이랑 합치면 모두 3600만 원이네요! 그 돈을 다 양태만한테 보낸 걸까요?"

영웅이가 묻자 이 형사가 대답했다.

"그랬을 가능성이 있지. 문제는 왜 양태만한테 보냈냐는 거야."

맞다. 하진우가 사기꾼인 줄 알았더니 양태만은 또 누군가! 제인이가 의견을 말했다.

"그날 길소윤이 아르바이트비를 받는다는 것을 알고는 그것까지 빼앗으러 온 거 아닐까요?"

이 형사가 고개를 끄덕이더니 명령했다.

"금빛은행에 양태만 신상 정보 의뢰해. 아, 그리고 길소윤이 편의점에서 밤 11시 반에 나갔다니까 그 시간 편의점 앞에서부터 길소윤 집 앞까지의 CCTV 녹화 영상을 다 뒤져 보자고."

영웅이와 치국이는 양태만에 대해 알아보고, 제인이, 두산이, 하재는 CCTV 영상을 확인하기로 했다. 그런데 금빛은행의 양태만의 계좌를

주민등록번호란?

대한민국 만 17세 이상의 모든 국민은 주민등록증을 발급받아야 하는데, 주민등록번호는 거기에 쓰인 국민식별번호야. 앞 6자리, 뒤 7자리, 총 13자리로 이루어져 있지. 앞의 6자리는 자신의 생년월일을 쓰고, 뒤 7자리 중 첫자리 숫자는 남성인지 여성인지 외국인인지를 구분하는 숫자야. 1은 1900~1999년에 태어난 남성, 2는 같은 기간에 태어난 여성, 3은 2000~2099년에 태어난 남성, 4는 같은 기간에 태어난 여성, 그리고 5부터는 외국인임을 나타내.

추적해 주민등록번호와 주소지를 확보한 후 신원을 조회했더니, 놀라운 사실이 밝혀졌다.

"양태만, 나이 34세. 헉, 뭐야! 이 사람 사기 전과 2범이야."

영웅이가 놀라 말하자, 치국이도 의문을 제기했다.

"길소윤은 어쩌다가 사기 전과 2범과 엮인 거지?"

그러게 말이다. 이해할 수 없는 부분이 왜 이리 많은지. 여하튼 지금 당장 양태만을 잡아야 한다. 그러나 아이들은 아직 용의자를 검거할 정도로 훈련받지 못했기 때문에, 어 교감이 이 형사와 같이 나가 양태만을 잡아 오기로 했다.

다행히 양태만은 집에 있었고, 한 시간 후, 어 교감과 이 형사가 양태만을 검거해 왔다. 이 형사가 길소윤에 대해 아느냐고 묻자 양태만은 딱 잡아뗐다.

"처음 듣는데요. 누군지 몰라요."

이 형사가 통장을 가리키며 소리쳤다.

"그럼 이 돈은 뭐예요? 왜 길소윤이 당신한테 이 큰돈을 보냈냐고요? 카드사에서 대출까지 받았던데 그 돈도 당신한테 보낸 거 맞죠?"

양태만은 잠시 머뭇거리더니 말했다.

"그냥 친구가 통장만 빌려달라고 해서 빌려준 거예요."

"친구 누구? 혹시 하진우요?"

"네? 아, 네. 하진우요."

"그럼 하진우는 어디 있어요?"

양태만은 선뜻 대답하지 못했다. 이 형사가 다그쳤다.

"그럼 전화번호는? 전화번호는 알고 있을 거 아니에요?"

"몰라요. 이제껏 내가 전화한 적이 없거든요."

유리창을 통해 보고 있던 아이들은 분통이 터졌다. 하진우한테 통장을 빌려줬다면서 어떻게 전화번호도 모른다고 뻔뻔히 거짓말을 한단 말인가. 그런데 옆에 있던 어 교감이 고개를 갸우뚱하더니 말했다.

"서찬미가 하진우 본 적 있다고 했지? 서찬미 좀 데려와 봐."

갑작스런 명령에 아이들은 어리둥절했다. 하지만 어 교감이 시키는 일이니, 영웅이는 곧바로 서찬미에게 전화했다. 가까운 거리라 10분쯤 지나자 서찬미가 왔다. 어 교감이 서찬미에게 유리창을 통해 조사실의 양태만을 보여 주며 물었다.

"혹시 저 남자, 본 기억 있나요?"

그러자 서찬미가 깜짝 놀라며 말하는 것이었다.

"네! 저 사람이 하진우예요! 소윤이 남자 친구였던 하진우!"

모두 깜짝 놀랐다. 양태만이 하진우라니! 그렇다면 하진우는 가짜 이름이고, 양태만이 진짜 이름이라는 말. 나이도 34세인데, 28세로 속인 것이다.

서찬미가 돌아가자, 치국이가 물었다.

"어떻게 아셨어요? 양태만이 하진우라는 거."

어 교감이 씩 웃더니 말했다.

"감이지. 형사를 오래 하다 보면 감이라는 게 생기거든."

갑자기 달라 보이는 어 교감. 하기야 서울 경찰청 형사 과장까지 했던 베테랑 형사인 데다 범인 잘 잡기로 유명한 형사가 아니던가.

어 교감이 조사실로 들어가 모든 사실을 전하자, 양태만은 당황하는 표정이 역력했다. 이 형사가 기막힌 표정으로 말했다.

"이름과 나이까지 속이고 피해자를 만났던 겁니까?"

양태만도 어쩔 수 없는지 자백했다. 어 교감이 물었다.

"그런데 피해자가 어떻게 양태만 씨한테 돈을 보낸 거죠?"

“아는 형이 주식의 고수인데, 돈을 보내 주면 두 달 안에 5배로 불려 주겠다고 했거든요.”

가정 형편이 어려웠던 길소윤은 두 달 안에 자신의 몇 달치 월급보다 더 많은 돈을 벌 수 있다는 양태만의 말에 솔깃했던 것이다. 게다가 평소 양태만이 외제차를 타고 다니고, 겉모습도 번지르르하니까 진짜 부자인 줄 알았던 것. 그래서 양태만의 말을 철석같이 믿고, 자기가 저축한 돈뿐 아니라 신용 카드로 대출까지 해서 돈을 보냈다고 한다. 그런데 양태만은 그렇게 속여서 길소윤의 돈을 다 뜯어내고는 두 달 전에 연락을 딱 끊어 버렸다는 것. 이름도 가짜, 나이도 가짜, 전화번호도 가짜였으니, 길소윤은 양태만을 도저히 찾을 수 없었을 것이다. 정말 나쁜 사람이다. 이 형사가 소리쳤다.

“당신이 죽였죠? 그날 피해자가 아르바이트비 받은 거 알고 빼앗으려다가 죽인 거 아니에요?”

그러나 양태만은 펄쩍 뛰었다.

“아니에요. 난 안 죽였어요. 두 달 전부터는 연락 딱 끊었다니까요. 길소윤이 아르바이트를 하고 있는 것도 전혀 몰랐어요.”

어 교감이 화난 표정으로 말했다.

“현장에서 머리카락이 발견됐어요. DNA 검사하면 다 나오는데 자꾸 거짓말할 거예요?”

그러자 양태만이 억울한 표정으로 말했다.

"난 아니라니까요. 못 믿겠으면 검사해 보세요."

그러면서 머리카락을 뽑으라는 듯 머리까지 들이미는 양태만. 내색하지는 않았지만 이 형사와 어 교감도 양태만은 범인이 아니라고 생각했다. 사기를 치고 연락을 끊은 사람이 돈 70만 원 때문에 다시 나타나 살인까지 하지는 않았을 것이다. 하지만 또 모르니 양태만의 머리카락을 채취해 현장에서 발견한 머리카락과의 DNA 검사를 실시했다.

결과는 예상대로 '불일치'. 양태만이 길소윤을 죽였다는 증거가 없는 것이다. 하지만 양태만은 길소윤에게 사기를 쳐서 돈을 갈취했다고 자백했기 때문에 사기 혐의로 구속됐다.

뜻밖의 범인

같은 시간, 하루 종일 CCTV 녹화 영상을 확인하고 있던 두산이, 제인이, 하재는 지칠 대로 지쳐 있었다. 편의점에서 길소윤의 집 앞까지 오는 길은 모두 세 갈래. 그 길을 따라 편의점에서 길소윤이 나온 11시 반부터 집에 돌아온 때까지를 계속 추적했다. 마침내 길소윤이 집으로 간 길을 찾아냈지만 수상한 점은 발견할 수 없었다.

양태만의 조사 과정을 보고 돌아온 치국이와 영웅이도 합세하자, 제인이가 의견을 말했다.

"시간을 좀 더 넓혀 보는 건 어떨까? 미리 계획했을 수도 있잖아."

그러자 하재가 동의했다.

"그래. 일단 편의점에 있었던 시간부터 확인해 보자."

아이들은 다시 길소윤이 일하기 시작한 저녁 6시 반부터 일을 끝낸 밤 11시 반까지의 영상을 확인했다. 그중에는 편의점 주인 말대로 밤 11시 20분쯤 아르바이트비를 주는 장면도 찍혀 있었다. 그런데 그 장면을 보던 제인이가 뭔가를 발견하고 소리쳤다.

"어, 이 남자!"

모두의 시선이 몰리자, 제인이가 화면 속의 남자를 가리키며 말했다.

"이 남자, 지금 길소윤이랑 주인 아저씨 보고 있는 거 맞지? 뭔가 수상한데!"

정말 화면 속 남자는 편의점 안쪽에서 물건을 고르는 척하면서 계속 계산대를 훔쳐보고 있었다. 그리고 길소윤이 아르바이트비를 받고 옷을 갈아입으러 직원실에 들어가자, 남자는 아무것도 사지 않은 채 그냥 나가는 것이었다. 잠시 후, 길소윤이 주인에게 인사를 하고 편의점을 나서는 모습이 찍혀 있었다.

그런데 화면을 다 보고 나니, 하재는 아까 길소윤의 집 근처 CCTV 녹화 영상에서 그 남자를 본 기억이 났다. 길소윤이 지나가는 시간을 확인하다가 언뜻 본 것 같았다.

"잠깐만! 이 남자, 본 것 같아."

하재는 재빨리 아까 봤던 CCTV 녹화 영상을 돌려 봤다. 그런데

정말 있다. 길소윤보다 5분 정도 먼저 그 길을 지나가는 남자. 아까는 앞서간 사람이라 의심하지 않았는데, 아무래도 수상하다.

치국이가 말했다.

"먼저 갔으면 길소윤의 집을 어떻게 알았겠어. 그냥 같은 동네에 사는 사람이 아닐까?"

영웅이가 의견을 냈다.

"길소윤이 어디 사는지 아는 사람이었다면?"

제인이가 말했다.

"일단 이 형사님께 보여 드리자."

아이들이 CCTV 속 남자를 보여 주자, 이 형사가 말했다.

"수상하긴 하네. 이 남자 사진 출력해서 아는 사람 있는지 찾아봐."

이 형사와 아이들은 편의점에서 길소윤 집까지 다니며 사람들에게 남자의 사진을 보여 주고, 아는 사람이 있는지 찾았다. 그런데 길소윤 바로 앞집에 사는 아주머니가 사진을 보더니 말하는 것이었다.

"어? 이 사람, 우리 빌라 지하에 사는 사람인데!"

이름은 방우식. 나이는 49세. 특별한 직업이 없어 보인다고 했다. 제인이가 의견을 말했다.

"편의점에서 길소윤이 아르바이트비를 받는 것을 보고, 먼저 돌아와 기다렸다가 돈을 빼앗고 살해한 게 아닐까요?"

이 형사가 고개를 끄덕이더니 말했다.

카메라 1
11:17
카메라 2
11:20
카메라 3
11:27
카메라 4
11:52

“좋아. 내가 방우식 집에 들어갈 테니까 치국이랑 두산이도 따라와.”

나머지 아이들은 빌라 입구에서 기다리기로 했다. 이 형사는 빌라 지하로 가서 문을 두드렸다. 아무 대답이 없었다. 이 형사가 다시 문을 두드리며 큰 소리로 불렀다.

“방우식 씨! 방우식 씨 없어요?”

그때였다. 건물 밖에서 기다리고 있던 아이들은 문득 골목으로 들어오는 사람을 보았다. 방우식이었다. 제인이가 방우식을 가리키며 소리쳤다.

"어, 저 사람!"

그러자 방우식은 눈치를 채고 냅다 도망치기 시작했다.

"잡아!"

영웅이가 소리치며 쫓기 시작하자, 제인이와 하재가 큰 소리로 이 형사를 불렀다.

"이 형사님, 여기요! 방우식, 여기 있어요!"

이 형사와 두산이, 치국이가 그 소리를 듣고 뛰어나왔다. 결국 추격전이 시작됐는데, 방우식은 생각보다 빨랐다. CCTV 녹화 영상을 보며 동네 지리를 확실하게 익힌 아이들은 각 골목으로 흩어져 방우식을 포위하기 시작했다. 그리고 결국 막다른 골목으로 방우식을 몰고 들어갔다. 방우식이 소리쳤다.

"뭐, 뭐야? 왜 이러는 건데?"

그러나 이 형사가 번개같이 달려들어 방우식을 제압했다. 그리고 단호하게 말했다.

"같은 빌라 2층에 사는 길소윤 씨 아시죠? 일단 같이 좀 가 주셔야겠습니다."

조사실에 와서도 방우식은 계속 범행을 부인했다. 결국 방우식의 머리카락과 길소윤의 집에서 발견됐던 머리카락으로 DNA 검사를 했다. 두 머리카락의 DNA가 동일인의 것이라는 결과가 나오자

그제야 자백하는 방우식.

그동안 변변한 직업도 없이 일용직으로 먹고살던 방우식은 최근 그마저도 일할 자리가 없자 월세도 못 내 쫓겨날 형편이었다고 했다.

"그날도 일자리 찾으러 나갔다 허탕치고, 하루 종일 거의 굶다시피 했어요. 편의점에서 삼각김밥이나 슬쩍하려고 들어갔는데, 위층 아가씨가 있더라고요."

그런데 그때 길소윤이 아르바이트비를 받는 모습을 보았다고 한다. 방우식은 돈을 빼앗기로 결심하고 먼저 집으로 와 모자에 마스크까지 쓰고 길소윤을 기다렸다. 그리고 길소윤이 문을 열자마자 밀고 들어갔다.

"그냥 돈만 빼앗고 나오려고 했는데……."

길소윤이 반항하며 마스크를 벗기는 바람에 자신의 얼굴이 드러났고, 순간 두려운 마음에 목을 졸랐다는 것이었다.

"처음부터 죽일 생각은 없었어요."

이 형사가 물었다.

"피해자 휴대 전화는 어떻게 한 거예요?"

"여기서 30분쯤 가면 공원이 있는데, 그곳 쓰레기통에 버렸어요. 수사에 혼선을 주려고……."

정말 기가 막힐 노릇이다. 아무리 돈이 없어도 그렇지, 어떻게 돈 때문에 사람을 죽일 수 있단 말인가.

결국 길소윤 살인 사건의 범인은 전혀 예상하지 못했던 방우식으로

밝혀졌다. 직장을 가지고 있는 길소윤이 퇴근 후에 또 아르바이트를 하고 있을 거라고는 생각지도 못했다. 그리고 이번 사건으로 아이들은 섣불리 용의자를 특정짓는 것은 절대 금물이라는 것을 깨달았다.

"이런 걸 보고 등잔 밑이 어둡다고 하는 거죠."

하재의 말에 어 교감이 너스레를 떨었다.

"그래. 수사의 기본이 뭔지 알아? '등잔 밑을 밝히자, 꺼진 불도 다시 보자'야!"

"하하하!"

모두 웃음을 터뜨렸다. 그래도 참 다행이다. 포기하지 않고 끝까지 추적해 진짜 범인을 잡았으니 말이다.

한밤중에 벌어진 살인 사건. 피해자가 아무도 모르게 아르바이트를 하고 있었다는 것을 알아내 범인을 잡을 수 있었던 것은 직업에 대해 잘 알았기 때문이지.

직업이란?

사람들이 종종 '너희 아빠는 무슨 일을 하시니?' 하고 물어보지? 이 질문은 바로 아빠의 직업이 무엇인지를 묻는 거야. 직업이란 살아가는 데 필요한 돈을 벌기 위해 자신의 적성과 능력에 따라 일정 기간 이상 지속하는 일을 뜻해.

그럼 사람들은 왜 직업을 갖고 일을 하는 것일까?

첫째는 소득을 얻기 위해서야. 소득은 일을 하고 그 대가로 받는 돈을 말해. 돈을 벌어야 입고, 먹고, 자는 의식주를 해결할 수 있고, 교육도 받고, 문화생활도 할 수 있지. 또 누군가가 소비한 돈은 다른 누군가의 소득으로 이어지기 때문에 직업은 사회 전체의 경제적 기반을 유지하기 위해서 꼭 필요해.

둘째는 사회적 역할을 수행하기 위해서야. 한 사회에 속한 구성원으로서 직업을 통해 사회에 필요한 일을 하는 거지. 예를 들어 경찰관은 사

람들을 안전하게 지켜 주고, 농부는 사람들에게 먹거리를 제공하는 역할을 해.

셋째로 자아실현을 위해 직업을 갖기도 해. 사람들은 각자 자신의 능력과 적성, 흥미 등을 고려해서 직업을 선택하고, 자신이 갖고 있는 능력을 발휘하면서 큰 보람을 느낄 수 있지.

사회 변화에 따른 미래의 직업 세계

사회가 변화하고 발전함에 따라 직업 세계도 변해. 그렇다면 미래 사회에는 어떤 직업들이 생겨날까? 한국직업능력개발원에서 발표한 '2014 미래 세계 직업 전망'에서는 크게 세 가지 흐름을 예측하고 있어.

첫 번째로 미래에는 정보 기술, 생명 공학 기술, 우주 항공 공학 기술과 같은 과학 기술이 빠르게 발전할 것이라고 해. 따라서 새로운 과학 기술들을 적용한 첨단 산업 분야의 직업들이 확대될 전망이야. 로봇 공학, 인공지능, 그리고 사람과 사물, 데이터를 인터넷으로 연결해 정보를 생성하고 공유하는 사물인터넷 등과 관련된 직업들이지.

두 번째로 미세 먼지와 같은 대기 오염이나 물과 석유의 부족 등 환경 문제에 대한 관심이 꾸준히 증가하고 있어. 때문에 미래에는 환경 문제를 해결하기 위한 대체 에너지를 만드는 산업의 일자리들이 많아질 것이라고 해. 또, 재활용품을 활용해 패션 소품을 만드는 '에코 제품 디자이너'처럼, 환경을 생각하는 직업인 '그린 잡(green job)'들이 주목받고 있어.

신재생에너지 개발 산업
새로운 자원을 개발합니다.
로봇 연구소
로봇 공학 산업
우리 생활을 도와줄 로봇이에요.
ECO
환경 관련 산업

우주 산업
우주를 탐험해요.
우주 항공 센터
실버센터
사회 복지 서비스업
나이든 분들을 도와 드려요.

세 번째로 노인 인구가 많아지는 고령화 사회가 되면서 노인을 대상으로 하는 사회 복지 서비스업이 매년 늘어나고 있다고 해. 정말 굉장하지?

어린이도 아르바이트를 할 수 있을까?

요즘 많은 청소년들이 카페나 식당 등에서 부업, 즉 아르바이트의 형태로 일을 하는 것을 볼 수 있어. 우리가 흔히 '알바'라고 줄여 말하기도 하는 아르바이트(arbeit)는 본래 '일', '노동' 등의 뜻을 가진 독일어야. 하지만 우리나라에서는 본래의 직업이 아닌 별도의 수입을 얻기 위해 단기간, 또는 임시로 하는 일이라는 의미로 쓰이고 있지.

그럼 아르바이트는 몇 살부터 할 수 있을까? 우리나라 법에서는 만 15세 이상부터 일을 할 수 있도록 정하고 있어. 단, TV에 나오는 아역 연기자처럼 예술 공연에 참여하는 경우에 한해 15세 미만도 취직 인허증을 발급하고 있지.

또 만 15세 이상부터 만 18세 미만의 미성년자의 아르바이트는 특별한 보호를 받아. 근로 시간이 1일 7시간, 1주 35시간으로 제한되어 있고, 오후 10시부터 오전 6시까지의 야간 근무와 휴일 근무는 금지되어 있지. 뿐만 아니라 청소년들에게 위험하거나 유해한 장소에서는 아르바이트를 할 수 없어. 예를 들어 노래방이나 술과 담배를 판매하는 곳 등에선 청소년을 고용할 수 없도록 법으로 정해져 있지.

그러니까 생각해 봐. 처음에는 피해자의 남자 친구였던 사람을 용의자로 지목해 어렵게 체포했지만 그는 범인이 아니었어. 결국 피해자가 밤에 편의점에서 아르바이트를 했다는 사실을 알게 됐고, CCTV 녹화 영상을 추적한 결과, 진짜 범인을 잡을 수 있었지.

핵심 학습 주제 **위도와 경도**

일반 사회 | **지리** | 역사 | 경제 | 정치

지민이를 찾아라!

두산이가 걱정스러운 표정으로 말했다.
"제인이도 길 잃어버린 건 아니겠지?"
아이들은 퍼뜩 불길한 예감이 들었다.

여름 캠프를 가다

어느덧 한 학기가 다 지나고, 여름 방학이 시작됐다. 집에 가기 위해 짐을 싸고 있는 아이들에게 어 교감이 반가운 소식을 전했다.

"너희들을 위해 5박 6일간의 특별한 여름 캠프를 마련했다."

"정말요? 와, 신난다!"

아이들은 좋아서 난리가 났다. 치국이가 물었다.

"어디로 가요?"

"가 보면 알아. 자! 그럼 일주일 후에 보자!"

그러더니 쏙 가 버리는 것이었다. 하기야 여름 캠프이니, 물어보나 마나 바닷가 아니겠는가. 아니, 산으로 가면 또 어떤가. 어디든 신나게 놀면 그만이지.

일주일 후, 아이들은 한껏 부푼 기대를 안고 학교에 모였다. 공 교장도 나와서 아이들의 어깨를 일일이 두드려 주며 인사했다.

"무사히 잘 다녀와라. 다치지 말고."

그러자 어 교감도 말했다.

"영원히 잊지 못할 시간이 될 거야. 가서 나한테 너무 고마워하지는 말고."

영웅이가 물었다.

"교감 선생님은 안 가세요?"

"난 좀 바쁜 일이 있어서……. 그럼 잘 다녀오너라."

"네!"

아이들이 힘차게 대답하자, 이 형사가 재촉했다.

"자, 자! 빨리 타라. 늦겠다."

드디어 출발이다! 아이들은 잔뜩 들떠서 콧노래가 절로 나왔다. 그런데 차가 달리기 시작하자 일찍 일어나 피곤했는지 모두 꾸벅꾸벅 졸기 시작했다. 그리고 잠깐 잔 것 같은데, 이 형사가 아이들을 깨웠다.

"다 왔다. 빨리 짐 챙겨서 내려."

아이들은 졸린 눈을 비비며 황급히 짐을 챙겨 차에서 내렸다. 그런데 내리자마자 말문이 탁 막혔다. 눈앞에 펼쳐진 광경은 바로 '달리자 부대' 정문. 게다가 이런 현수막까지 걸려 있었다.

'어린이 사회 형사대 CSI의 입소를 환영합니다.'

두산이가 황당한 표정으로 물었다.

"저희 지금 군대에 들어가는 거예요?"

이 형사가 대답했다.

"응. 교감 선생님이 말씀하셨잖아. 특별한 캠프를 준비하셨다고."

아이들은 또 한바탕 난리가 났다.

"특별한 캠프가 이거라고요?"

"저희는 바닷가에 가는 줄 알았죠."

잔뜩 기대에 부풀었다가 실망한 아이들.

삑! 날카로운 호각 소리가 들려 돌아보니, 큰 키에 다부진 체격, 검은 선글라스까지 쓴, 딱 봐도 무시무시한 교관이 서 있는 것이 아닌가! 아이들은 가슴이 덜컹 내려앉았다. 그리고 이제 곧 닥쳐올 비극이 눈앞에 그려졌다.

"뭐 하나? 운동장까지 뛰어간다, 실시!"

교관의 명령이 떨어짐과 동시에 누가 먼저랄 것도 없이 헐레벌떡 뛰어가는 아이들. 100미터쯤 뛰자 넓은 운동장이 나왔다. 교관이 단상 앞에 서더니 소리쳤다.

"짐 한쪽에 모아 놓고, 일렬, 횡대!"

아이들이 재빨리 줄을 서자, 교관은 경례하는 시범을 보이며 말했다.

"대대장님이 나오시면 이렇게 인사한다. 충성!"

아이들이 얼른 따라했다.

"충성!"

"목소리가 작다. 다시 한번 크게, 충성!"

"충성!"

아이들은 목청껏 소리를 질렀다. 그때, 현관에서 대대장님이 나왔다. 교관이 다시 명령했다.

"대대장님께, 경례!"

"경례!"

이런, 이런! 아이들은 당황한 나머지 교관의 말을 그대로 따라 하고 말았다. 처음부터 이게 무슨 창피란 말인가. 교관이 얼굴을 확 찡그리더니, 다시 명령했다.

"경례하면, 충성이라 말한다. 대대장님께, 경례!"

"충성!"

대대장은 씩 웃더니 경례로 답을 한 후 말했다.

"환영한다. CSI의 명예를 걸고 최선을 다해 주기 바란다. 이상!"

CSI의 명예라! 아이들은 갑자기 정신이 번쩍 들었다. 그러니까 아이들이 잘못하면 CSI의 이름에 먹칠을 한다는 뜻. 예상치 못한 상황에 너무도 당황스럽지만 그래도 어떻게든 잘 해내야겠다는 생각이 들었다.

간단한 입소식이 끝나자 아이들은 곧바로 생활관 배치를 받았다. 교관이 명령했다.

"칫솔, 치약, 속옷만 관물대에 넣고, 나머지는 가방에 그대로 넣어 반납한다, 실시!"

놀러 가는 줄 알고, 옷이며 간식이며 바리바리 싸 들고 왔는데 모두 다 빼앗긴 것이다. 하지만 아까워할 새도 없이 교관은 또다시 호각을 불어 댔다.

"군복으로 갈아입고 5분 후 운동장에 집합한다, 실시!"

정말 잠시도 쉴 틈 없이 호각을 불어 대며 '실시'를 외치니 아이들은 정신이 하나도 없었다. 어쩌다 이런 일이 벌어졌는지, 왜 이런 캠프일 거라고 한 번도 생각하지 못했는지 정말 기가 막혔다.

지옥 훈련

그야말로 지옥 같은 훈련이 계속됐다. 저녁 먹고 정신 교육까지 받고, 완전히 파김치가 되어 생활관에 들어와 점호를 받고 나니, 밤 9시 30분. 잠자리에 누운 뒤에야 아이들은 불평을 쏟아 놓았다.

"교감 쌤, 정말 너무하신 거 아냐? 완전 속았어."

치국이가 볼멘소리로 투덜대자 두산이가 말했다.

"무엇보다 끔찍한 건 아직 하루밖에 안 지났다는 거야."

"맞다! 5박 6일이지! 으아, 큰일 났다!"

영웅이도 두려움에 떨며 한숨을 쉬었다. 정말 앞으로 남은 날들을 어떻게 견뎌야 한단 말인가! 제인이는 문득 이 형사가 생각났다.

"그런데 이 형사님은 어디 계신 거지?"

아까 정문에서 엉겁결에 헤어진 후 하루 종일 못 봤다. 하재가 조심스럽게 말했다.

"먼저 학교로 가신 거 아니야?"

지금까지 안 보이는 걸 보니, 아이들만 들여보내고 돌아간 것 같았다. 아이들은 배신감에 이를 악물었다.

'어떻게든 꼭 버텨 내리라!'

다음 날도, 그 다음 날도 정말 고난의 연속이었다. 그래도 아이들은 오기로 버티고, 또 버텼다. 4일째 되는 날이었다. 점심을 먹고 나자 교관이 갑자기 가방을 돌려주며 말했다.

"10분 안에 짐 꾸리고 운동장에 모인다, 실시!"

영웅이가 이상하다는 듯 말했다.

"왜 갑자기 짐을 싸라고 하지? 혹시 못해서 쫓겨나는 거 아냐?"

잘은 못해도 누구 하나 몸 사리지 않고 죽을힘을 다했는데, 중간 퇴소라니! CSI로서 완전 대망신이다. 그런데 짐을 싸서 운동장에 나가니, 이 형사, 어 교감, 공 교장까지 와 있는 게 아닌가. 어 교감이 아이들을 발견하고는 큰 소리로 웃으며 말했다.

"하하하, 재네들 좀 봐. 군기가 아주 바짝 들었는데."

정말 얄미운 어 교감이다. 이 형사도 한마디 했다.

"많이 씩씩해졌네. 얼굴도 많이 타고."

왜 아니겠는가. 한여름 뙤약볕에 이리 구르고, 저리 구르고, 하루 종일 지옥 훈련을 받았는데. 아이들이 일렬횡대로 서자, 공 교장이 한 명씩 아이들의 어깨를 두드리며 말했다.

"아이고, 수고들 많았다. 그래도 대견하네. 모두 끝까지 해내다니."

공 교장의 칭찬에 마음이 뿌듯해졌다. 그런데 순간 아이들의 귀에 콕 박히는 '끝까지'라는 말. 치국이가 얼른 물었다.

"그럼 훈련 다 끝난 거예요? 중간 퇴소가 아니라요?"

어 교감이 말했다.

"그럼. 오늘이 4일째잖아. 훈련은 오늘까지야."

"오, 신이시여! 감사합니다!"

두산이가 안도의 한숨을 내쉬며 말했다. 왜 이런 중요한 사실을 이제야 말해 주는 건지. 어쨌든 아이들은 갑자기 기분이 좋아졌다. 영웅이가 재차 확인했다.

"그럼 이제 훈련이 다 끝났단 말이죠? 저희가 끝까지 해낸 거고요."

"그렇다니까. 오늘 퇴소식 한다고 해서 우리가 다 온 거잖아."

어 교감의 말에 아이들은 일제히 환호성을 질렀다.

"야호! 훈련 끝났다! 하하하."

드디어 살았다. 이제 해방이다. 그리고 무엇보다 끝까지 잘 해낸 것이 기뻤다. 잠시 후, 대대장이 나오자 아이들은 군기가 바짝 들어 경례를 했다.

"충성!"

처음의 어리바리했던 모습은 온데간데없고, 목소리와 동작에 절도와 힘이 넘쳤다. 역시 제대로 훈련받은 보람이 있다. 퇴소식을 짧게 끝내고 모두 차에 오르자 하재가 물었다.

"이제 집에 가는 거예요?"

어 교감이 대답했다.

"아니. 여름 캠프는 아직 2일이나 남았잖아."

두산이가 깜짝 놀라며 물었다.

"헉! 그럼 또 다른 군대로 가는 거예요?"

어 교감이 장난스런 표정으로 말했다.

"그럼! 이번에는 해병대 어때?"

"해병대요?"

모두 놀라 소리쳤다. 말도 안 된다. 이제 살았나 싶었는데, 더 무시무시한 해병대라니! 아이들은 한바탕 난리가 났다.

"안 갈래요. 살려 주세요."

"차 세워 주세요. 내릴래요."

"푸하하하!"

선생님들이 동시에 웃음을 터뜨렸다. 공 교장이 말했다.

"얘들아, 진정해. 이제 진짜 놀러 가는 거니까."

하지만 아이들은 불안한 눈빛으로 서로를 쳐다봤다. 어디 한두 번 속아 넘어갔는가 말이다.

여름 캠프에서 생긴 일

차를 타고 두 시간쯤 달리자, 산 좋고 물 좋은 시골 마을에 도착했다. 어 교감이 예약해 둔 민박집에 들어가자 아이들은 그제야 진짜 놀러 왔다는 것을 믿게 되었다. 공 교장이 말했다.

"오늘은 저녁 먹고 푹 쉬어라."

정말 긴장감이 풀려서인지 저녁 먹고 바로 잠자리에 든 아이들은 그날 밤을 꼬박 자고, 다음 날 점심때가 되어서야 일어났다. 제일 먼저 일어난 아이는 제인이. 그런데 선생님들이 안 보이는 것이었다. 또 무슨 일을 꾸민 것은 아닐까 놀랐는데, 주인 아주머니가 웃으며 말했다.

"선생님들은 읍내 나가셨어. 계곡 갈 때 가져갈 간식 산다고."

그렇다면 다행이다. 그런데 그때, 한 꼬마가 제인이의 눈에 들어왔다.

대문 기둥에 기대 제인이를 말끄러미 쳐다보고 있는 여자아이. 7살쯤 되어 보였다. 제인이가 물었다.

"이름이 뭐니?"

아이가 대답했다.

"지민이. 강지민."

그러더니 계속 제인이를 말끄러미 쳐다보는 것이었다. 제인이가 알아차리고 물었다.

"지민이 심심하구나? 나는 제인이야. 언니랑 같이 놀까?"

지민이는 기다렸다는 듯이 고개를 끄덕이더니 제인이에게 다가왔다. 그때 하재도 잠이 깨서 밖으로 나왔다. 하재와 제인이는 지민이한테 이것저것 물으며 같이 놀아 주었다.

민박집 옆집에 사는 지민이는 할머니와 단둘이 사는 아이였다. 부모가 도시에서 장사하느라 바빠 할머니에게 맡겼다는 것.

제인이는 옛날 생각이 났다. 부모님이 이혼하시면서 제인이가 할머니와 둘이 살기 시작한 때가 딱 지민이의 나이, 7살 때였다. 엄마 보고 싶다고 매일 밤 울고 또 울었던 기억이 떠올랐다. 제인이는 지민이의 외로운 마음이 느껴져 가슴이 뭉클했다.

지민이도 제인이의 마음이 느껴졌는지, 금방 언니라고 부르며 잘 따랐다. 30분쯤 놀고 있는데, 선생님들이 돌아왔다. 어 교감이 말했다.

"자는 애들 깨워라. 계곡으로 놀러 가게."

하재가 남자아이들을 깨우러 가자, 마침 지민이 할머니가 지민이를 데리러 왔다.

"지민아, 점심 먹자."

언니들이랑 헤어지는 게 아쉬운지 지민이는 싫다고 고개를 흔들었다. 할머니가 말했다.

"언니들도 밥 먹어야지. 지민이도 밥 먹고 다시 놀러 오자."

제인이도 달랬다.

"그래, 지민아! 이따 또 같이 놀자. 얼른 가서 밥 먹어."

또 놀아 준다는 제인이의 말에 지민이는 할머니를 따라갔다.

아이들은 수영복을 챙겨 계곡으로 갔다. 정말 한적하고 멋진 계곡이었다. 한낮의 뜨거운 햇빛에 데워진 계곡물은 수영하며 놀기에 딱 좋았다. 모두 신나게 놀고, 선생님들이 사 온 치킨이랑 김밥 등을 먹으며 즐거운 시간을 보냈다. 하재가 말했다.

"무릉도원이 따로 없네."

두산이가 물었다.

"무릉도원?"

"중국 전설에서 신선이 살았다고 전해지는 곳인데, 한마디로 천국이

야호!
무릉도원이
따로 없네.
오!

나 별천지 같은 곳을 말하는 거지."

하재가 설명하자, 치국이가 말했다.

"맞네. 훈련소는 지옥, 여기는 천국."

"하하하!"

모두 웃음을 터뜨렸다. 지옥 같은 훈련소에 있을 때는 정말 이런 날이 올 줄 몰랐다. 그래도 잘 견뎌 냈으니 이렇게 웃으며 얘기할 수 있는 것이 아니겠는가. 그렇게 신나게 놀고 민박집에 돌아오니, 어느덧 4시를 넘긴 시간이었다. 그런데 대문 앞에서 지민이 할머니와 아주머니가 얘기를 나누고 계셨다. 아주머니가 놀란 얼굴로 물었다.

"한 시간쯤 전에 지민이가 언니들이랑 논다고 왔다 가긴 했는데……. 집에 안 갔어요?"

"안 왔어. 아이고, 얘가 대체 어디 간 거야?"

할머니의 말에 제인이가 놀라 물었다.

"지민이가 집에 없어요?"

할머니가 대답했다.

"그래. 점심 먹고 나서부터 여기 온다고 한참 울었거든. 겨우 달래서 재웠는데 잠깐 밭일 하고 왔더니 없잖아."

이 형사가 말했다.

"언니들 찾아 나간 거 아닐까요?"

그러자 할머니가 털썩 주저앉으며 말했다.

"아이고, 이를 어째!"

공 교장이 나섰다.

"저희가 찾아볼게요."

아이들과 선생님들은 각자 흩어져 지민이를 찾기 시작했다.

산 근처 마을인 데다 집도 별로 없고, 길에 가로등도 드문드문 설치된 동네이다 보니, 해가 기울자 급격히 어두워지기 시작했다.

마을이 크지 않아 금방 찾을 줄 알았는데, 온 동네를 다 뒤져도 지민이는 보이지 않았다. 30분쯤 찾아보아도 없자, 모두 다시 민박집에 모였다. 어 교감이 말했다.

"이 동네에는 없어요. 아무래도 주변 동네까지 찾아봐야 될 것 같아요."

하재가 걱정스런 표정으로 말했다.

"혹시 산으로 간 것 아닐까요? 저희가 계곡에 갔다는 걸 알고 찾으러 갔을지도 몰라요."

두산이가 말했다.

"그럼 큰일인데. 아무리 여름이라지만 산은 밤이 되면 기온이 크게 떨어지거든."

지민이는 위아래로 짧은 옷만 입고 나갔다. 빨리 지민이를 찾지 않으면 큰일이 날지도 모른다. 공 교장이 말했다.

"아무래도 신고해야겠는데."

그때였다. 두산이가 갑자기 두리번거리며 말했다.

"제인이는 왜 안 오지? 아직도 지민이 찾고 있나?"

"그러게. 이제 곧 컴컴해질 텐데……."

치국이의 말에 영웅이가 제인이에게 전화를 했다. 그런데 신호음은 가지만 계속 안 받는 것이었다. 이 형사가 말했다.

"전화기 안 가져간 것 아냐? 짐에서 찾아봐."

하재가 얼른 제인이의 가방을 뒤져 봤지만 없다. 그렇다면 전화기는 분명 제인이가 가지고 있을 것이다. 신호가 가는 것으로 봐서 배터리가 떨어진 것도 아닐 텐데 왜 안 받는지 이상했다. 두산이가 걱정스러운 표정으로 말했다.

"제인이도 길 잃어버린 건 아니겠지?"

아이들은 퍼뜩 불길한 예감이 들었다. 처음 온 동네인 데다 길까지 어둑어둑하니 정신없이 지민이를 찾다가 민박집으로 돌아오는 길을 잃어버렸을 수도 있지 않을까?

어 교감이 말했다.

"안 되겠다. 파출소에 직접 가서 신고해야겠어. 제인이 휴대 전화 위치 추적도 의뢰해야겠고."

어 교감은 곧바로 차를 타고 파출소로 향했다. 지민이를 찾다가 이제 제인이까지 함께 찾아야 하는 상황이 되었다. 영웅이랑 두산이, 하재랑 치국이가 짝을 지어 나가고, 공 교장과 이 형사도 두 아이를 찾아 나섰다.

지민이를 찾아라!

어 교감은 5분쯤 차로 달려 마을에서 가장 가까운 파출소로 갔다. 그리고 경찰 신분증을 내밀며 말했다.

"수고하십니다. 어린이 형사 학교 교감, 어수선인데요. 마을에서 아이가 없어졌습니다."

그러자 순경들뿐 아니라 파출소장까지 나와 법석을 떨었다.

"아, 네. 당장 찾아보겠습니다."

파출소장의 계급은 경위. 어 교감의 계급은 총경으로, 일반 경찰서장의 계급과 같다. 갑자기 상사가 나타난 셈이니 긴장을 할 수밖에. 어 교감은 제인이와 지민이의 인상착의와 집에서 나간 시간 등을 자세히 알려 주며 말했다.

"마을 주변은 우리가 계속 찾아보고 있으니까 이웃 마을 쪽이랑 산 쪽으로 찾아봐 주세요."

파출소장이 순경들에게 명령했다.

"어서들 움직여!"

파출소는 무슨 일을 할까?

파출소는 지방경찰서 관할의 동네에 있는 작은 경찰서를 말해. 시민들을 가장 가까운 거리에서 돌보는 기관으로, 도난, 가출, 미아, 교통사고 등의 신고를 받고 이를 해결해 주는 일을 해. 또 맡은 구역을 순찰하며 주민들의 안전을 돌보는 일도 하지.

순경들이 황급히 나가자, 어 교감은 곧바로 통신사에 전화해 제인이의 휴대 전화 위치 추적을 의뢰했다. 우리가 휴대 전화를 쓸 수 있는 것은 휴대 전화의 전파를 모으는 커다란 안테나가 있기 때문이다. 이 안테나를 기지국이라고 하는데, 휴대 전화는 항상 사용자가 서 있는 위치를 관장하는 기지국과 스스로 신호를 주고받는다. 따라서 가장 최근에 신호를 주고받은 기지국의 위치를 알아내면 현재 제인이의 휴대 전화가 있는 위치를 대략 파악할 수 있다.

잠시 후 위치 추적 결과가 나오자, 어 교감이 파출소장에게 물었다.

"달래 고개 근처로 나오는데, 달래 고개가 어딥니까?"

파출소장이 벽에 붙어 있는 마을 지도를 가리키며 말했다.

"여기요. 파출소에서는 2킬로미터, 동네에서는 1킬로미터 정도 떨어져 있어요."

"큰일이네요. 도심에서는 위치 추적 반경이 500미터 정도지만, 여기는 2~3킬로미터는 될 텐데."

어 교감의 말에 파출소장도 동의했다.

"네. 게다가 달래 고개 인근은 인가도 없고, 전부 논밭이에요."

어 교감이 인사했다.

"여하튼 감사합니다. 순경들이 아이들을 찾았다는 연락이 오면 바로 제게 전화 주세요."

그러고는 황급히 달래 고개로 향했다.

한편, 그 시간 제인이는 정신없이 지민이를 찾고 있었다. 아까 낮에 괜히 지키지도 못할 약속을 하는 바람에 이런 일이 벌어진 게 아닐까 하는 자책이 들었다. 또 그 어린아이가 길을 잃고 혼자 얼마나 무서울까 싶어 빨리 찾아야겠다는 생각밖에 없었다. 그래서 걸치고 나온 얇은 카디건 주머니 속에 휴대 전화를 넣어 놓고는 벨소리를 무음으로 해 놓은 것도 까마득히 잊고 있었던 것이다.

"지민아! 지민아!"

제인이가 애타게 부르는데, 어디선가 바스락거리는 소리가 들리는 것 같았다. 얼른 소리 나는 쪽을 봤지만 어두워서 잘 보이지 않았다. 혹시 들개나 고양이인가? 순간, 머리가 쭈뼛 서는 느낌이 들었다. 제인이는 무서움을 꾹 참고 이번엔 좀 작은 소리로 불렀다.

"지민아! 거기 지민이 있니?"

"으음, 으음."

작은 신음소리가 들렸다. 제인이는 얼른 소리 나는 곳으로 갔다. 그런데 정말 지민이가 커다란 돌 옆에 쓰러져 있는 것이 아닌가!

"지민아!"

제인이가 얼른 지민이를 일으켜 안았다.

"지민아, 정신 차려. 언니야. 지민아!"

지민이의 몸이 아주 차가웠다. 제인이는 얼른 카디건을 벗어 지민이에게 입히며 말했다.

“걱정 마, 지민아! 언니가 왔으니까 걱정 마.”

제인이는 그제야 휴대 전화가 생각났다.

“맞다! 전화, 전화해야지.”

카디건 주머니에서 전화기를 꺼내 잠금을 해제하자 부재중 통화 목록이 떴다. 10통이 넘는 전화가 왔었는데 전혀 모르고 있었던 것이다.

“어머, 계속 전화가 왔었네!”

그런데 바로 그때, 전화기 불빛이 번쩍했다. 또 전화가 온 것이다. 제인이가 얼른 전화를 받자, 쩌렁쩌렁한 영웅이의 목소리가 들려왔다.

“너, 왜 전화 안 받아!”

제인이가 말했다.

"미안해. 무음으로 해 놓은 걸 잊어버렸어. 그리고 지민이, 찾았어!"

"뭐? 정말?"

영웅이가 놀라 되물었다.

"응. 방금 찾았어. 그런데 정신을 잃었어."

옆에서 통화 내용을 같이 듣고 있던 두산이가 영웅이의 전화기에 대고 소리쳤다.

"거기가 어딘데? 우리가 갈게."

제인이가 사방을 둘러보며 대답했다.

"어, 여기가 어디냐면……."

그런데 온통 깜깜하기만 했다. 휴대 전화로 주변을 비춰 봐도 그저 논이랑 길뿐. 정신없이 지민이를 찾느라 이렇게 깜깜해진 줄도, 어디까지 왔는지도 몰랐던 것이다. 제인이가 당황하며 말했다.

"어딘지 모르겠어."

영웅이가 버럭 화를 냈다.

"야! 어딘지도 모르면서 그렇게 막 가면 어떡해."

두산이가 다시 전화기에 대고 소리쳤다.

"제인아, 주변에 큰 건물이나 표지판 없어?"

제인이가 둘러보며 말했다.

"응. 아무것도 없어. 그냥 허허벌판이야."

영웅이가 화가 나 말했다.

"아휴, 이 바보!"

애가 타니 영웅이는 저도 모르게 자꾸 화를 내게 되는 것이었다. 두산이가 침착하게 말했다.

"제인아, 지금 교감 쌤이 네 휴대 전화 위치 추적하셨으니까 다른 데 가지 말고 그 자리에서 기다려. 우리가 찾아갈게."

제인이가 대답했다.

"알았어. 그런데 빨리 좀 와 줘. 지민이 몸이 너무 차서 걱정돼. 그리고 내 휴대 전화 배터리도 별로 안 남았어."

시간이 없다. 배터리가 떨어져 휴대 전화가 꺼지면 더 이상 통화도, 위치 추적도 불가능해진다. 그리고 무엇보다 지민이를 빨리 병원에 데리고 가야 한다. 영웅이는 곧바로 어 교감에게 전화해 상황을 전했다. 어 교감이 말했다.

"다행이다. 제인이의 휴대 전화 위치가 달래 고개 근처로 나와서 지금 그 주변을 둘러보고 있거든. 그런데 안 보이네."

"달래 고개 근처요? 그럼 저희도 그쪽으로 갈게요."

영웅이의 말에 어 교감이 말렸다.

"멀어서 차 없이는 못 와. 너희는 민박집으로 가서 기다려."

"하지만 저희도……."

두산이의 말에 어 교감이 단호하게 말했다.

"명령이야. 너희는 민박집에 가서 기다려."

괜히 달래 고개로 오겠다고 나섰다가 영웅이와 두산이까지 길을 잃을까 염려되어 하는 말이었다. 명령이라는 말에 아이들은 두말없이 따를 수밖에 없었다.

전봇대를 찾아라!

어 교감은 이 형사와 파출소에 지민이를 찾았다는 소식을 알리고, 달래 고개 쪽으로 오라고 했다. 이 형사는 이 사실을 다시 공 교장에게 알리고, 곧바로 민박집 차를 빌려서 달래 고개로 향했다. 그사이 공 교장은 치국이에게 전화해 민박집으로 오라고 했다. 제일 먼저 민박집에 도착한 공 교장은 지민이 할머니에게 기쁜 소식을 전했다.

"할머니, 지민이 찾았대요."

마루에 앉아 울고 있던 할머니가 벌떡 일어나며 말했다.

"정말요? 아이고, 살았다. 우리 지민이 살았다. 감사합니다, 감사합니다. 흑흑흑."

할머니는 몇 번이고 고맙다고 인사를 했다.

하지만 아직 걱정이다. 빨리 제인이와 지민이가 있는 곳을 알아내야 할 텐데 말이다.

그 시간, 두산이와 영웅이도 민박집으로 향하고 있었다. 하지만 걱정이 이만저만이 아니었다. 마음 같아서는 당장 달래 고개로 가 보고 싶은데, 어 교감의 명령이니 어길 수도 없고, 너무 답답하고 걱정이 됐다.

그런데 그때, 두산이가 갑자기 우뚝 멈춰 서며 말했다.

"맞다! 전봇대! 전봇대를 찾으면 돼. 그럼 제인이가 있는 곳을 금방 알 수 있어."

두산이의 말에 영웅이도 멈춰 섰다.

"전봇대? 에이, 말도 안 돼. 전봇대가 어디 한두 개야?"

"바로 그거야. 전봇대는 도시나 시골, 전국 어디나 있잖아. 그리고 전봇대에는 각각의 위치를 알려 주는 표식이 있어."

"정말? 전봇대에 그런 게 있어?"

"응. 잠깐만. 제인이한테 전화부터 하고."

그러더니 재빨리 제인이에게 전화해 물었다.

"제인아, 그 근처에 전봇대 있어?"

제인이는 휴대 전화 불빛으로 주변을 비춰 봤다. 그랬더니 10여 미터 앞에 전봇대가 있었다.

"전봇대? 응, 있어."

두산이가 반기며 말했다.

"그럼 전봇대로 가까이 가 봐."

제인이는 지민이를 안고 갈 수 없어서 돌 옆에 기대어 앉히고는 전봇대로 갔다.

"전봇대 앞이야."

제인이의 말에 두산이가 말했다.

"어른 키 높이 되는 곳에 표식이 있을 거야. 글자랑 영문자로 되어 있는 건데, 찾아서 읽어 봐."

제인이는 휴대 전화 불빛으로 전봇대를 비춰 찾아보았다. 그런데 정말 있다.

"8413F102야."

"알았어. 끊지 말고 기다려."

두산이가 전화를 든 채 황급히 영웅이에게 말했다.

"빨리 교감 쌤께 말씀 드려."

영웅이가 어 교감에게 전화해 말했다.

"교감 쌤, 제인이가 어디 있는지 찾을 수 있을 것 같아요. 근처에 있는 전봇대 번호가 8413F102래요."

어 교감이 놀라며 말했다.

"맞다! 전봇대! 왜 그 생각을 못 했지? 알았어. 금방 간다고 해."

두산이가 듣고 제인이에게 말했다.

"제인아, 교감 쌤이 금방 가신대. 이제 걱정 말고 기다리고 있어. 지민이 괜찮지?"

"응. 아직 괜찮은 거 같아. 고마워."

제인이는 전화를 끊고, 다시 지민이에게 가서 지민이를 꼭 안고 기다렸다. 어 교감은 얼른 112 상황실에 전화해 전봇대 번호를 말하고, 위치를 파악해 달라고 했다. 112 상황실에서는 전봇대 번호를 검색해 곧바로 위치를 말해 주었다.

"달래 고개 700미터 전, 다리 건너자마자예요."

어 교감은 그곳으로 차를 몰았다. 3분쯤 달렸을까? 다리가 보였다. 어 교감은 다리에 차를 세우고 얼른 내려 소리쳤다.

"제인아, 제인아!"

마침 제인이도 자동차 불빛을 보고 어 교감이 온 것을 알았다. 그래서 얼른 지민이를 안고 일어서며 소리쳤다.

"교감 쌤, 여기예요!"

어 교감이 얼른 뛰어와 지민이를 받아 안았다. 드디어 제인이와 지민이를 찾은 것이다. 어 교감이 지민이를 차에 태우며 물었다.

"제인이 넌 괜찮니?"

"네. 전 괜찮아요."

제인이가 의젓하게 대답했다. 어 교감은 지민이에게 차에 있던 물을 먹이고, 담요를 덮어 준 후, 히터를 틀었다. 제인이는 지민이를 꼭 끌어안으며 말했다.

"이제 걱정 마. 얼른 할머니한테 가자."

어 교감은 차를 출발시키며 공 교장에게 전화했다.

"제인이하고 지민이 찾았어요. 병원으로 바로 가겠습니다."

"그래, 수고했어. 나도 할머니 모시고 병원으로 갈게."

공 교장이 전화를 끊자, 모두 안도의 한숨을 쉬었다. 마침 두산이와 영웅이도 민박집에 도착해 같이 기쁨을 나눴다. 지민이의 할머니가 벌떡 일어나 연신 허리를 굽혔다.

"아이고, 감사합니다. 감사합니다."

이 형사도 아이들을 찾았다는 소식을 듣고, 할머니를 모시고 병원에 가기 위해 차를 돌려 민박집으로 왔다. 공 교장과 이 형사가 할머니를 모시고 병원으로 떠나자, 민박집 아주머니가 생각난 듯 말했다.

"그러고 보니 여태 밥들도 안 먹었잖아. 내가 빨리 차릴게."

정말 저녁도 못 먹고 이제껏 이리저리 뛰어다녔던 것. 그런데 아이들은 배고픈 줄도 모르고 있었던 것이다. 저녁이 차려지기를 기다리고 있는데, 치국이가 물었다.

"그런데 전봇대로 어떻게 위치를 알아낼 수 있어?"

두산이가 설명했다.

"전국에는 약 850만 개의 전봇대가 설치되어 있어. 도심은 30미터, 농촌 지역은 50미터 정도의 간격으로. 그리고 전봇대마다 각각의 위치를 알려 주는 표식이 있어."

하재가 말했다.

"그래서 휴대 전화의 위치를 추적하는 것보다 더 정확히 위치를 알아낼 수 있었던 거구나!"

"응. 전봇대의 번호를 112나 119에 알려 주면, 지리 정보 시스템을 이용해 금방 위치를 파악할 수 있거든."

영웅이가 물었다.

"그럼 그 번호는 뭘 의미하는 건데?"

"8413F102라면, 앞의 두 숫자 84는 위도, 뒤의 두 숫자 13은 경도를 말해. 그리고 F102는 전봇대 번호고."

영웅이가 다시 물었다.

"위도랑 경도? 그거 지구본이나 세계 지도에 있는 거 아냐? 가로 세로로 줄 그어져 있는 거."

"맞아. 위도는 지구상의 한 곳이 적도를 기준으로 얼마나 떨어

여긴 북극!
그리니치 천문대
이게 '경선'이야!
여기가 '본초 자오선'이야.
이게 '적도'야!
이게 '위선'이야!
지구본을 살펴보자.
여긴 남극!
경도
위도

져 있는지를 각도로 나타낸 것을 말해. 그리고 경도는 그 위치가 영국 런던의 그리니치 천문대에 그어진 본초 자오선에서 동서로 얼마나 떨어져 있는지를 나타내는 것이지."

치국이가 물었다.

"위도와 경도를 사용하면 모든 장소의 위치를 표시할 수 있겠네?"

"그렇지. 지구본이나 세계 지도를 보면 같은 위도를 나타내는 가로선이 있는데, 이를 위선이라고 해. 또 같은 경도를 나타내는 세로선을 경선이라 하고. 그래서 어느 나라, 어떤 장소도 모두 위선와 경선이 만나서 생긴 사각형 안에 들어 있게 되거든. 그러니 위도와 경도를 이용하면 지구상의 어떤 위치도 정확한 수치로 나타낼 수 있지."

이번에는 하재가 물었다.

"그럼 우리나라의 위치는?"

"우리나라는 북위 33°와 43° 사이, 동경 124°와 132° 사이에 있어."

영웅이가 물었다.

"어? 아까 그 전봇대는 위도가 84라면서? 경도가 13이고? 그럼 우리나라 위치랑 다른데?"

두산이가 대답했다.

"그건 국제 좌표로 하면 숫자가 너무 복잡해지니까 우리나라를 기준으로 다시 계산한 거야."

그때 치국이가 문득 생각나는 듯 말했다.

"그나저나 제인이는 여기 길도 잘 모르면서 그렇게 막 가면 어떡해. 찾았으니 다행이지. 너무 생각이 없는 거 아냐?"

그러자 갑자기 영웅이의 목소리가 커졌다.

"여하튼 제인이가 지민이를 찾았잖아!"

갑작스런 영웅이의 반응에 치국이가 놀라 말했다.

"누가 아니래. 난 그냥 제인이가 다른 때랑 달라서 이상하다는 거지. 되게 철저하고 꼼꼼한 애가 갑자기 시골에서 길을 잃고 말이야."

영웅이는 그 이유를 안다. 제인이는 지민이에게서 자신의 어렸을 때 모습을 본 것이다. 그래서 더 마음이 아파 다급하게 찾아 나섰을 것이다. 하지만 다른 아이들은 제인이가 할머니와 같이 산다는 것만 알지, 속사정은 잘 모르니 평소와 다른 제인이의 행동이 이상하게 느껴질 수 밖에 없다.

저녁을 먹고 나자, 선생님들과 제인이가 돌아왔다. 아이들은 모두 벌떡 일어나 제인이를 반겼다.

"제인아, 괜찮아?"

그리니치 천문대는?

1675년 천문항해술을 연구하기 위해 영국 런던 그리니치에 설립된 천문대를 말해. 처음에는 그리니치 공원에 자리하고 있었는데, 여러 곳으로 이전했다가 1998년 문을 닫았어. 그 후 원래 천문대가 있던 그리니치 공원에 런던 해사 박물관의 일부로 그리니치 왕립 천문대가 새로 세워졌지. 그리니치 천문대는 경도의 기준이 되는 본초 자오선의 기준점으로 잘 알려져 있어. 이곳에 가면, 아직도 기준점이 표시돼 있는데, 초록색 레이저 신호도 함께 내보내고 있지.

“응, 괜찮아. 미안해. 신경 쓰게 해서.”

하재가 이 형사에게 물었다.

“지민이는요?”

“탈진했는데, 괜찮대. 지금 병원에서 수액 맞고 있어. 내일 아침에 퇴원할 거야.”

이 형사의 대답에 아이들은 모두 다행이라며 기뻐했다.

다음 날 지민이가 퇴원해 집에 오자, 아이들은 지민이와 실컷 놀아 줬다. 그리고 저녁때가 되어서야 5박 6일의 파란만장했던 캠프를 마치고 집으로 돌아왔다.

두산이가 들려주는 사건 해결의 열쇠

지민이를 찾다가 제인이까지 길을 잃은 상황. 빠른 시간에 위치를 파악해 제인이와 지민이를 찾을 수 있었던 것은 위도와 경도에 대해 잘 알았기 때문이지.

위도와 경도란?

지구본이나 세계 지도에서 우리나라를 찾아보고 어디에 위치해 있는지 말해 봐. 중국보다 아래, 일본보다는 위? 과연 정확한 표현일까?

사람들은 세계 여러 장소의 위치를 정확하게 나타내기 위해서 위선과 경선을 만들어 사용하고 있어. 위선은 지구의 표면을 남북으로 자른 가로선인데, 위선의 기준이 되는 것은 적도야. 그리고 적도를 중심으로 남북으로 얼

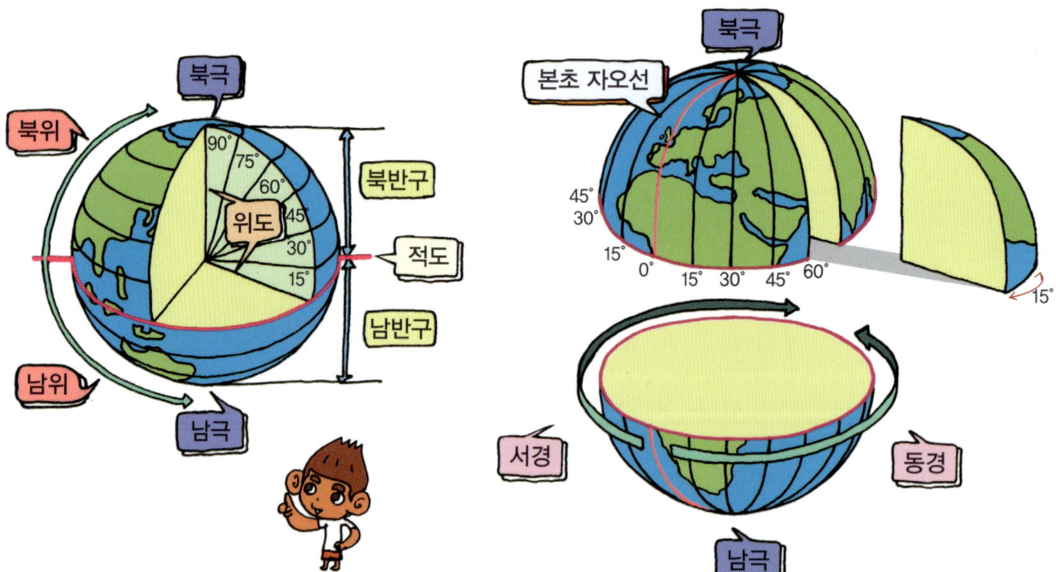

〈위도와 경도〉

마나 떨어져 있는지를 각도(°)로 나타낸 것을 위도라고 하지. 적도의 위도를 0°로 놓고, 윗부분을 북반구, 아랫부분을 남반구라고 불러. 적도에서 멀어질수록 위도를 나타내는 숫자가 커지지.

경선은 영국 런던의 그리니치 천문대를 지나면서 북극과 남극을 잇는 세로선을 기준으로 삼아. 이를 본초 자오선이라고 해. 이 선에서 동쪽과 서쪽으로 얼마나 떨어져 있는지를 각도로 나타낸 것이 경도야. 본초 자오선을 기준으로 동쪽으로 180°까지를 '동경', 서쪽으로 180°까지를 '서경'이라 불러.

위도와 경도는 세계 모든 나라가 공통으로 정한 기준이기 때문에 이를 사용하면 지구의 어떤 장소든 정확하게 위치를 나타낼 수 있어.

위도와 경도로 알 수 있는 것

위도와 경도는 우리 생활과도 밀접한 관련이 있어.

먼저 위도를 알면 대략적인 기후를 알 수 있지. 적도에서 먼 고위도 지역은 대부분 춥고 비가 적게 내리는 냉대와 한대 기후가 나타나.

반대로 적도와 가까운 저위도 지역은 대체로 날씨가 덥고 비가 많이 내리는 열대 기후가 나타나지. 우리나라는 중위도에 속해 있기 때문에 기온과 강수량이 적당한 온대 기후 지역이야.

경도는 세계 각 지역의 시간을 정하는 기준이야. 1884년 국제자오선 회의를 통해 세계적으로 통일된 시간대가 만들어졌어. 영국의

〈그리니치 표준 시차〉

그리니치 천문대가 기준 자오선(경도 0°선)으로 인정되었고, 이를 기준으로 각 나라의 표준시와 표준 시간대가 24개의 지역으로 나누어 정해졌지. 우리나라는 동경 124°~132°에 위치하고 있지만 135°를 표준 경선으로 사용하고 있어. 따라서 우리나라의 표준시는 본초 자오선상의 시간보다 9시간 빨라.

전봇대로 정확한 위치 찾기

낯선 곳에서 길을 잃거나 위급한 상황에 처했을 때 다른 사람에게 내가 있는 곳의 정확한 위치를 어떻게 알릴 수 있을까?

가장 쉽고 빠른 방법은 전봇대 번호를 알려 주는 거야. 전봇대는 전선이나 통신선을 연결하기 위해 길가에 세워 둔 것이지. 도시에는 30m, 농촌에는

50m 이하 간격으로, 전국에 850만 개나 설치되어 있어서 어디서나 쉽게 볼 수 있어.

전봇대 위쪽에 보면 숫자와 영어 알파벳으로 만들어진 8자리 기호가 있어. 만약 '2534A596'이라고 쓰여 있다면, '25'는 위도, '34'는 경도를 나타내는 거야. 국제 좌표로 하면 숫자가 너무 복잡해지니까 우리나라 기준으로 다시 계산해서 표기한 것이지. 마지막 'A596'은 선로의 이름과 그 선로에서 전신주가 몇 번째 위치한 것인지 알려 주는 세부 위치 정보야.

위급한 상황에서 전봇대 번호를 가르쳐 주면 경찰이나 소방서에서 곧바로 신고자의 위치를 파악해 신속하게 구조할 수 있어.

그러니까 생각해 봐. 가까스로 지민이를 찾아냈지만 그만 길을 잃어버린 제인이. 다행히 전봇대에 위도와 경도로 정확한 위치를 나타내는 번호가 있음을 기억해 냈고 결국 둘을 빨리 찾을 수 있었던 거지.

누가 보낸 돈일까?

"네가 506호에 사는 백두산이니?
어린이 형사 학교에 다니는?"
"네, 그런데요."
두산이가 대답하자, 아저씨가 다시 물었다.
"어제 너희 집에 돈이 든 사과 상자가 배달됐다고 하던데. 맞지?"

수상한 돈

캠프에 다녀온 후, 아이들은 방학을 마음껏 즐겼다. 집에서 뒹굴다가 심심하면 모여서 놀기도 하고, 가끔 공부도 했다. 물론 공부 벌레 제인이와 욕심 많은 치국이는 다음 학기에 배울 것을 미리 예습하고 있었지만 다른 아이들은 걱정도 안 되는지 마냥 한가하게 지냈다.

그런데 개학을 이틀 앞둔 날이었다. 두산이가 엄마, 아빠랑 함께 점심을 먹고 있는데, 초인종이 울렸다. 엄마가 나가더니, 사과 한 상자를 받아 가지고 들어왔다.

"청송 고모님이 보내셨나 봐."

청송에는 아빠의 고모, 즉 두산이의 고모할머니가 살고 계신데, 사과 농사를 지으셔서 매년 햇사과가 날 때면 꼭 한 상자씩 보내 주신다. 아빠가 상자를 받아 열며 말했다.

"벌써 햇사과가 나왔어? 어디, 하나 먹어 볼까!"

빨갛게 익은 사과가 정말 맛있어 보였다. 아빠가 사과를 씻으러 주방으로 가자, 엄마는 큰 봉지를 가지고 와서 사과를 옮겨 담기 시작했다. 냉장고에 넣으려는 것이다. 두산이도 엄마를 도와 드리며 말했다.

"이번 사과는 되게 큰데요."

엄마도 말했다.

"그러게. 농사가 아주 잘됐나 보네."

그런데 한 칸의 사과를 다 담고 다음 칸의 사과를 꺼내기 위해 가운데 놓인 골판지를 들었을 때였다. 두산이의 눈에 번쩍 띄는 게 있었으니, 바로 두툼한 봉투. 두산이가 봉투를 꺼내며 말했다.

"어? 이게 뭐지?"

엄마가 의아한 표정으로 받아들더니, 봉투를 열어 보고는 화들짝 놀라며 말했다.

"어머나, 돈이야!"

"돈?"

아빠도 재빨리 와서 봤다. 5만 원짜리 두 묶음. 한 묶음이 100장, 오백만 원이니까, 두 묶음이면 무려 천만 원. 엄마가 놀라 말했다.

"천만 원이나 되는 돈을 왜 보내신 거지?"

아빠가 황급히 고모님께 전화했다. 그런데 황당하게도 돈뿐만 아니라 사과도 보내지 않으셨다는 것이었다.

"정말 고모님이 보내신 거 아니에요?"

"그래. 내가 무슨 돈이 있어? 그리고 우리 사과는 아직 따지도 않았는데."

이게 어떻게 된 일인가! 그럼 누가, 왜 이런 상자를 보냈단 말인가! 두산이는 얼른 상자 겉면을 봤다. 그런데 보낸 사람 이름도, 받는 사람 이름과 주소도, 아무것도 적혀 있지 않았다.

"보낸 사람, 받는 사람에 대한 정보가 아무것도 없어요."

아빠가 엄마한테 물었다.

"우리 집이라고 한 거 맞아요?"

"네. '506호 맞죠?' 하기에 그렇다고 했더니, 주고 가더라고요."

두산이가 이상하다는 듯 말했다.

"받는 사람 이름도 안 물어보고요? 이상한데요."

아빠도 동의했다.

"그러게. 보통 받는 사람하고 이름이 같은지 물어보거나 누가 받았는지 서명하라고 하는데 이상하네. 이러고 있을 게 아니지. 일단 경찰에 신고하는 게 좋겠어요."

그러자 엄마가 말했다.

"신고는 무슨. 여기 CSI가 있잖아요. 두산아, 네가 이 형사님께 전화 해 봐."

맞다. 두산이도 어엿한 어린이 사회 형사대 CSI다. 두산이는 얼른 이 형사에게 전화해 사과 상자에 대해 말했다. 잠시 후, 이 형사가 두산이네 집으로 왔다. 그리고 사과 상자를 살펴보더니 물었다.

"어느 택배사인지 보셨어요?"

엄마가 고개를 저었다.

"아뇨. 못 봤어요. 물건을 건네자마자 휙 가 버려서요."

아빠가 이 형사에게 물었다.

"이렇게 보낸 걸 보니, 아무래도 검은 돈 같죠?"

이 형사가 고개를 끄덕이며 대답했다.

"네. 그런 것 같아요."

두산이가 물었다.

"검은 돈이 뭐예요?"

"적법하지 않고 정당하지 못한 방법으로 주고받는 돈. 일단 이 상자를 배달한 사람부터 찾아야겠다."

이 형사가 사과 상자를 번쩍 들고 나서자, 두산이도 얼른 뒤따라갔다. 이 형사는 밖으로 나와 차에 사과 상자를 실은 다음, 경비 아저씨한테 물었다.

"수고하십니다. 혹시 506호 택배 가지고 온 사람 보셨어요?"

아저씨가 대답했다.

"봤죠. 아까 '506호 택배 배달이요' 하고 들어가기에 그런 줄 알았어요. 그런데 무슨 일입니까?"

이 형사가 현관 천장에 설치된 CCTV를 살피며 다시 물었다.

"이 CCTV 작동되는 거죠?"

"그럼요."

두산이와 이 형사는 관리사무소로 갔다. 그리고 두산이네가 사는 301동 현관의 CCTV 녹화 영상을 확인했다. 두산이가 먼저 발견하고 외쳤다.

"어, 저 사람!"

시간은 12시 15분. 현관 CCTV 녹화 영상에 사과 상자를 들고 들어오는 남자가 찍혀 있었다. 그리고 남자가 입고 있는 조끼의 등 부분에 '번개 퀵'이라고 쓰여 있었다. 이 형사가 말했다.

"두산아, 번개 퀵 전화번호 찾아봐."

"네!"

두산이가 휴대 전화로 인

터넷에 접속해 번개 퀵의 전화번호를 찾는 동안, 이 형사는 엘리베이터 CCTV의 녹화 영상을 확인해 비교적 잘 보이는 남자의 얼굴을 휴대 전화 카메라로 찍었다. 그리고 그 영상을 증거물로 확보했다.

그사이 두산이가 번개 퀵의 전화번호를 찾아 말했다.

"찾았어요. 078-3928-3456."

이 형사는 곧바로 번개 퀵에 전화해 물었다.

"방금 전 미래동 미래 아파트 301동 506호로 사과 상자 배달한 기사분 찾을 수 있나요?"

콜센터 안내원이 물었다.

"왜 그러시죠?"

이 형사는 경찰임을 밝히며 사건 때문에 알아볼 게 있다고 하자, 안내원은 대답했다.

"죄송합니다. 전화로는 진짜 경찰인지 확인할 수 없기 때문에 기사분의 개인 정보는 말씀 드릴 수가 없습니다."

이 형사가 전화를 끊으며 말했다.

"일단 학교로 가서 우리가 수사할지, 다른 경찰 부서로 넘길지부터 의논해야겠다."

두산이도 이 형사를 따라 나섰다.

"저도 갈게요."

이 형사가 말했다.

"우리가 수사를 맡게 되면 전화할 테니까 그때 다른 애들이랑 와."

이 형사는 곧바로 학교로 갔다.

누가 보낸 돈일까?

이 형사가 가자, 두산이는 집으로 들어가려다 문득 아이들 생각이 났다. 이런 엄청난 일을 혼자만 알고 있으면 안 될 것 같았다. 그래서 재빨리 아이들을 공원으로 불렀다.

"처, 처, 천만 원! 정말이야?"

영웅이가 놀라 묻자, 두산이가 대답했다.

"그렇다니까. 나도 얼마나 놀랐는지."

제인이도 놀란 토끼 눈을 하고 말했다.

"그렇게 큰돈을 왜 사과 상자에 넣어서 보낸 거지? 잃어버리면 어떻게 하려고."

치국이가 말했다.

"결국 잃어버린 거지. 엉뚱한 집에 배달했으니까."

하재도 맞장구를 쳤다.

"그래. 두산이네가 그냥 갖고 안 받았다, 딱 잡아뗄 수도 있었잖아."

제인이도 말했다.

"맞아. 진짜 검은 돈이라면 내가 보냈다고 나설 수도 없을 거 아냐."

"에이, 그럼 그냥 가질 걸 그랬어. 우리도 좀 나눠 주고."

영웅이가 장난스럽게 말하자, 두산이는 진지하게 대답했다.

"야, 그래도 CSI가 그러면 안 되지."

영웅이가 두산이의 어깨를 치며 말했다.

"농담이야, 농담. 하하하."

치국이가 의문을 제기했다.

"그나저나 그 돈을 누구한테 보내려던 걸까? 그걸 알면 어떤 돈인지도 알 수 있을 텐데 말이야."

그러자 영웅이가 벌떡 일어나며 말했다.

"도저히 궁금해서 못 참겠다. 학교에 가 봐야겠어."

하기야 오지랖 영웅, 고영웅이 이런 대사건을 그냥 넘길 리가 없다.

"나도, 나도."

다른 아이들도 나섰다. 결국 다 함께 학교로 향했다.

그 시간, 공 교장과 어 교감, 이 형사는 사건에 대해 의논하고 있었다. 어 교감이 말했다.

"이렇게 사과 상자 안에 담아 보낸 거 보면, 떳떳하지 못한 돈이라는 건 확실하네."

이 형사가 물었다.

"어떻게 할까요? 그냥 관할 경찰서로 넘길까요?"

공 교장이 잠시 생각하더니 질문을 던졌다.

"그런데 왜 하필 두산이네였을까?"

어 교감이 의견을 말했다.

"실수였겠죠. 보내는 사람이 주소를 잘못 알았거나, 아니면 배달한 사람이 잘못 알아들었거나."

"이렇게 큰돈을 보내면서 주소를 잘못 알았다고? 또 사과 상자에 담아 퀵 서비스로 보낸 것도 이상하지 않아?"

공 교장의 말에 이 형사가 물었다.

"그럼 좀 더 조사해 볼까요?"

공 교장이 대답했다.

"일단 퀵 서비스부터 조사해 봐."

이 형사는 곧바로 번개 퀵 사무실을 찾아갔다. 경찰 신분증을 내밀자, 안내원은 그제야 두산이네 집에 배달했던 사람을 알려 주었다.

"최영철 씨고요. 여기 전화번호요."

"퀵 서비스 의뢰는 콜센터로 들어온 겁니까?"

"네. 11시 30분쯤 콜센터로 접수된 거예요. 영등포 지하철역에서 미래동 미래 아파트까지 보낸다고요."

"서비스를 신청한 사람의 전화번호는요?"

안내원이 전화번호를 추가로 하나 더 적어 주었다. 이 형사는 곧바로 최영철에게 전화해 상황을 설명하고 학교로 불렀다.

이 형사가 학교에 도착하자, 아이들은 벌써 와 있었다. 이 형사가 놀라서 물었다.

"어! 너희들, 벌써 왔어?"

"네. 궁금해서 참을 수가 있어야죠."

영웅이가 말하자, 두산이가 물었다.

퀵 서비스란?

퀵(quick)은 영어로 빠르다는 뜻이고, 서비스(service)는 남을 돕거나 시중을 드는 것을 말해. 우편물이나 짐, 상품 따위를 요구하는 장소까지 직접 배달해 주는 일을 택배라고 하는데, 그중에서 퀵 서비스는 오토바이나 작은 자동차를 이용해 당일로, 최대한 빠른 시간에 배달해 주는 택배 서비스야. 퀵 서비스는 보통 1~3일이 걸리는 일반 택배보다 훨씬 빠르지만 그만큼 요금이 비싸. 또 배달하는 물건의 양과 배달 거리에 따라 요금이 달라지지.

"어떻게 됐어요? 배달했던 사람 찾았어요?"

"응. 학교로 불렀어."

이 형사가 대답했다. 그러더니 전화번호가 적힌 종이를 아이들에게 건네주며 말했다.

"배달을 의뢰한 사람의 전화번호야. 일단 신원 조회부터 해 봐."

아이들은 종이를 들고 곧바로 신원 조회를 하러 갔다. 잠시 후, 최영철이 학교로 왔다. 이 형사가 물었다.

"사과 상자에 뭐가 들어 있는지 알고 있었나요?"

"사과 상자니까 사과가 들어 있겠죠. 전 그냥 콜센터에서 연락받고 배달한 거예요."

이 형사가 다시 물었다.

"배달 의뢰한 사람 이름은 알아요?"

"아니요. 전화번호만 받고 영등포 지하철역으로 갔더니, 다시 전화가 왔어요. 바로 옆에 있는 대형 마트 지하 주차장으로 오라고. 그래서 갔더니, 어떤 남자가 차 트렁크에서 상자를 꺼내서 줬어요. 미래동 미래 아파트 301동 506호에 갖다 주라고."

최영철은 아무것도 모른 채 배달만 한 게 분명해 보였다. 이 형사가 다시 확인했다.

"미래 아파트 301동 506호가 확실하죠?"

"네. 확실해요. 301동 506호."

이 형사가 일어서며 말했다.

"알겠습니다. 일단 돌아가셔도 좋습니다. 하지만 의뢰인을 찾으면 대면 조사를 위해 다시 소환할 수 있습니다."

최영철은 알겠다고 하고는 돌아갔다. 아이들은 이 형사에게 의뢰인의 전화번호로 신원 조회한 결과를 보여 줬다. 영웅이가 말했다.

"이름은 박찬모, 나이는 48세. 그런데 주소가 충청북도 함안시예요."

"함안시? 영등포에서 물건 받았다고 하던데."

이 형사가 고개를 갸웃하며 말했다. 그러더니 그 번호로 전화를 했는데, 계속 받지 않았다. 세 번째 전화를 걸고서야 통화가 됐다.

이 형사가 단도직입적으로 물었다.

"박찬모 씨세요?"

"네. 그런데요."

"오늘 미래동 미래 아파트에 사과 상자 보내셨죠?"

"네?"

깜짝 놀라는 목소리. 그리고 잠시 아무 말도 못하더니 조심스럽게 묻는 것이었다.

"그런데 누구시죠?"

"경찰입니다. 사과 상자 안에 돈 넣어서 퀵 서비스로 보내신 분 맞죠? 금액은 천만 원이고요."

이 형사가 곧장 핵심을 묻자, 박찬모가 심하게 더듬거렸다.

"그, 그게……."

"그 상자 미래 아파트 301동 506호로 보내려던 것 맞나요?"

이 형사의 물음에 박찬모는 또 깜짝 놀라더니 되물었다.

"네? 301동 506호요?"

"아닌가요?"

"아니, 그, 그게……."

이 형사가 대답을 재촉했지만 박찬모는 말을 잇지 못했다. 그렇다면 잘못된 주소로 보낸 게 확실하다. 이 형사가 단호한 목소리로 말했다.

"일단 조사를 받으셔야 됩니다. 주소지 다 알고 있으니까 피할 생각은 하지 마세요."

박찬모가 잠시 머뭇거리더니 말했다.

"아, 네. 알겠습니다. 그런데 제가 집이 좀 멀어서……. 내일 올라가면 안 될까요?"

방금 서울에서 함안으로 내려왔는데 지금 다시 올라가면 시간이 너무 늦을 것 같다는 말이었다. 결국 박찬모는 내일 아침에 올라오기로 하고 전화를 끊었다. 치국이가 걱정되는 표정으로 말했다.

"안 오면 어떡해요?"

하재가 말했다.

"신원 확인됐으니까 뛰어야 벼룩이지."

"하재 말이 맞아. 너희도 오늘 수고 많았다."

이 형사가 말했다. 아이들도 일단 집으로 돌아가고, 내일 나오기로 했다. 내일이면 그 돈이 도대체 무슨 돈인지, 왜 그 돈을 두산이네로 보냈는지 밝혀질 것이다.

검은 돈의 정체

그런데 다음 날 아침, 두산이가 학교에 가려고 아파트 현관을 나섰을 때였다. 처음 보는 아저씨가 다가오더니 물었다.

"네가 506호에 사는 백두산이니? 어린이 형사 학교에 다니는?"

"네, 그런데요."

두산이가 대답하자, 아저씨가 다시 물었다.

"어제 너희 집에 돈이 든 사과 상자가 배달됐다고 하던데. 맞지?"

갑작스런 질문에 두산이가 놀라 물었다.

"어떻게 아셨어요?"

“소문으로 들었지. 지금 그 돈 형사 학교에 있는 거지?”

“네. 수사 중이에요.”

“천만 원 맞지?”

“네. 그런데 누구신지…….”

“아무튼 고맙다.”

아저씨는 누구냐는 말에 대답도 않고 휙 가 버렸다. 다 알고 물으니 얼결에 대답을 하긴 했는데, 두산이는 왠지 찜찜한 생각이 들었다.

아이들과 만나 함께 학교에 가니, 마침 박찬모가 조사를 받기 위해 와 있었다. 이 형사가 취조실에서 조사를 시작하고 아이들은 밖에서만 안이 보이는 유리창을 통해 그 모습을 지켜봤다. 이 형사가 물었다.

“그 돈, 잘못 보내신 거죠?”

“네. 배달하는 분이 잘못 알아들은 모양입니다.”

“그럼 원래 어디로 보내려던 거였죠?”

“그, 그게…….”

박찬모가 머뭇거리자 이 형사가 다그쳤다.

“함안 산업 송만수 회장의 비서 실장이시네요?”

밤사이 박찬모에 대해 조사한 것이다. 박찬모는 당황하는 기색이 역력했다. 이 형사가 다시 물었다.

“송만수 회장이 시킨 겁니까?”

“아니에요. 정말 아니에요.”

박찬모는 적극 부인했다. 순순히 조사받으러 왔기에 쉽게 자백할 줄 알았는데, 입을 꾹 다물어 버리는 박찬모. 지켜보고 있던 치국이가 뻔하다는 듯 말했다.

"회장 비서 실장이면, 회장님 심부름한 게 맞겠네."

영웅이가 말했다.

"함안 산업이랑 송만수 회장에 대해서 알아보자."

그때, 어 교감이 두산이를 불렀다.

"두산아, 잠깐 교장실로 와라."

그런데 어 교감의 표정이 좋지 않았다. 또 무슨 일이 벌어졌나 싶어 다른 아이들도 괜히 긴장이 됐다. 두산이가 교장실에 가자, 공 교장이 물었다.

"두산아, 오늘 아침에 기자 만났니?"

두산이가 대답했다.

"기자요? 아니요. 으음, 그런데 아침에 어떤 아저씨가 집 앞에 찾아오긴 했었어요."

그러자 어 교감이 말없이 인터넷 기사가 인쇄된 종이를 보여 주었다.

'어린이 형사 학교 학생에게 배달된 돈 천만 원!'

마치 어린이 형사 학교 학생이 돈을 받았다는 뉘앙스의 제목이었다. 두산이는 놀라서 누가 쓴 기사인지 봤다. 매일 신문 양찬무 기자였다. 그럼 아까 집 앞에 찾아왔던 그 사람이 기자였단 말인가! 두산이가 잔뜩

겁먹은 표정으로 말했다.

"기자인 줄 몰랐어요. 제 이름도, 상자 안에 천만 원이 들어 있던 것도 다 알고 묻길래 그렇다고 한 건데……."

아까부터 찜찜하더니, 아니나 다를까 큰 실수를 한 것이었다. 공 교장이 다시 물었다.

"그 사람이 이미 다 알고 있었다는 말이지?"

"네. 죄송해요. 제가 바보같이……."

두산이가 고개를 떨구자, 어 교감이 어깨를 두드리며 말했다.

"괜찮아. 됐어, 가 봐."

두산이가 나가자, 어 교감이 심각한 표정으로 말했다.

"아직 상부에 보고도 안 한 사건을 기자가 어떻게 안 거죠?"

공 교장이 말했다.

"누군가 정보를 흘렸다는 얘긴데. 누가? 왜?"

하지만 공 교장도, 어 교감도 아무리 생각해도 알 수가 없었다.

한편, 또 무슨 일이 생겼나 걱정돼 교장실 앞까지 따라온 아이들은 두산이가 잔뜩 풀이 죽어 나오자 물었다.

"무슨 일이야? 선생님들께 혼났어?"

두산이가 자초지종을 간단히 이야기하자, 치국이가 답답하다는 듯 한마디 했다.

"아이참, 그런 걸 막 얘기하면 어떡해. 비밀 수사 중인데……."

두산이가 머리를 감싸 쥐고 괴로워하며 말했다.

"누가 기자일 줄 알았냐. 아이참, 난 왜 이렇게 바보 같지."

하재가 얼른 치국이를 툭 치며 눈치를 줬다. 영웅이가 위로했다.

"그 사람이 이미 다 알고 물었다면서."

하지만 두산이는 자신이 수사를 망친 것 같아 죄책감이 들었다. 그때 이 형사가 나타나 물었다.

"다들 여기서 뭐 해?"

제인이가 물었다.

"조사 끝나셨어요? 박찬모가 자백했어요?"

"아니. 잠깐 쉬자고 했어."

이 형사와 아이들은 다시 교장실로 들어갔다. 이 형사가 보고했다.

"잘못 보낸 것까지는 인정했는데, 누구한테 보내려고 했는지는 말을 안 하네요. 일단 송만수 회장에 대해 조사해 봐야겠어요."

그러자 공 교장이 의견을 말했다.

"여하튼 두산이네 아파트로 보내려던 건 확실하잖아? 아파트 이름까지 잘못 듣지는 않았을 거 아냐."

어 교감이 말했다.

"그럼 두산이네 아파트 주민 중에 송만수 회장이랑 관련 있는 사람이 있나 알아볼까요?"

공 교장이 고개를 끄덕이며 말했다.

"그래. 일단 두산이네 아파트에 고위 공직자나 회사 임원들이 사는지 찾아봐."

그런데 바로 그때, 두산이는 번쩍 생각나는 게 있었다.

"맞다! 저희 아파트 302동에 국회의원이 산대요."

이 형사가 물었다.

"국회의원? 누구? 이름 아니?"

"김일석 의원이요."

두산이가 답하자 치국이가 아는 척을 했다.

"김일석 의원이면, 우리당 소속 국회의원이에요."

국회의원 손자라 그런지 잘도 안다. 그런데 다음 순간, 치국이는 번쩍 생각나는 게 있었다.

"이 형사님, 혹시 그 돈, 불법 선거 자금이 아닐까요? 다음 달에 총선이 있잖아요."

"총선?"

두산이가 묻자, 치국이가 답답하다는 듯 말했다.

"국회의원 뽑는 거 말이야."

"알아. 그런데 그거랑 이 돈이 무슨 상관이 있느냐는 거지."

두산이의 말에 치국이가 차근차근 설명했다.

"선거는 투표를 통해서 대표자를 뽑는 일을 말해. 나라에는 중요한 일이 아주 많은데 그걸 모든 국민들이 모여서 의논하고 정

할 수는 없잖아. 그래서 국민들을 대표할 사람을 뽑아서 그들에게 자신의 뜻과 권리를 대신 행사하게 하는 거야.”

제인이가 아는 척을 했다.

“그래서 선거를 ‘민주주의의 꽃’이라고도 하잖아.”

치국이가 말했다.

“맞아. 특히 국회의원이나 대통령 선거는 나라의 중요한 일을 결정하고 책임지는 대표자를 뽑는 일이야. 그러니 더욱 공정하고 민주적으로 선거가 치러져야 하지. 그래서 나라에서는 선거법을 정해서 선거 과정 중에 불법적인 일을 하지 못하도록 하고 있어.”

하재가 물었다.

“불법적인 일?”

“응. 특정한 후보를 비방하는 소문을 퍼뜨리거나, 불법적으로 여론 조사를 해서 발표하는 것, 또 후보자를 위협하거나, 선거 벽보를 훼손하는 것 등 여러 가지가 있어. 특히 선거에 쓰이는 돈을 선거 자금이라고 하는데, 법으로 선거 자금으로 쓰일 수 있는 금액과 주고받는 방법

투표, 이런 것은 하면 안 돼!

선거 당일이 되면, 투표에 참여 후 SNS에 인증샷을 올리는 사람들이 많아. 그런데 이때는 주의할 점이 있어. 엄지손가락을 치켜세우거나 손가락으로 브이(V) 모양을 하는 등 특정 후보의 기호를 손가락으로 표시하는 듯한 행위, 또 특정 후보에게 투표했다는 글이나 특정 정당이나 후보의 선거 벽보를 배경으로 촬영한 사진을 올리는 행위도 불법이니까 잘 기억해 둬.

을 정해 놓았지. 이 기준을 어길 시에 바로 불법 선거 자금이 되는 거야."

영웅이가 말했다.

"사과 상자에 돈을 넣어 보내는 건 불법이겠네?"

"그렇지!"

치국이의 말을 제인이가 정리했다.

"그러니까 누군가 김일석 의원에게 선거 자금으로 몰래 보낸 건데, 두산이네로 잘못 배달됐다는 거지?"

"그래. 충분히 가능성이 있지 않아? 김일석 의원 집이 302동이라면서. 두산이네는 301동. 헷갈렸을 수도 있잖아."

이 형사가 물었다.

"김일석 의원 집은 몇 호인데?"

두산이가 말했다.

"몇 호인지는 모르겠어요. 엄마께 여쭤 볼게요."

두산이는 재빨리 엄마한테 전화해 물었다. 엄마가 대답했다.

"김일석 의원? 302동 206호일 거야. 그런데 그건 왜?"

"아, 알았어요. 나중에 다시 전화 드릴게요."

두산이가 전화를 끊자, 치국이가 의기양양한 표정으로 말했다.

"거 봐. 두산이네는 301동 506호. 김일석 의원은 302동 206호. 비슷하잖아. 배달한 아저씨가 잘못 알아들은 게 분명하네."

적법
후보가 자신을 홍보하거나 공약을 홍보하는 것은 적법한 선거 운동 방법이야.
안녕하세요? 구청장 후보 민주호입니다. 열심히 하겠습니다.
주민 게시판
여러분, 저를 뽑아 주시면 도로 확장 사업을 하겠습니다.

불법
뭐 이런 인간이 후보로 나왔어? 에잇, 보기 싫어!
선거관리위원회죠? 선거 벽보를 훼손하는 사람이 있어서 신고하려고요.
당선되시면 저희 회사 잘 좀 봐 주십시오.
뭐 이런 것까지……. 아무튼 저희 후보님께 잘 전해 드리죠.

가만히 듣고 있던 어 교감이 공 교장에게 말했다.

"충분히 가능성 있는 얘긴데요."

공 교장이 고개를 끄덕이더니 물었다.

"김일석 의원 선거구가 어디지?"

제인이가 재빨리 검색해 보더니 말했다.

"충청북도 함안이요."

"함안!"

모두 놀라 소리쳤다. 이 형사가 말했다.

"그럼 함안 산업 송만수 회장이 김일석 의원에게 보내려던 돈이 확실하겠는데요."

어 교감이 이어 말했다.

"그래. 고향의 기업인이 당선될 만한 국회의원에게 선거 자금을 대 주고, 나중에 잘 봐 달라고 부탁한다. 딱 들어맞는 얘기네!"

공 교장이 명령했다.

"어쨌든 신중하게 움직이도록 해. 우선 함안 산업 송만수 회장이랑 김일석 의원이 어떤 사이인지 알아봐."

"네!"

이 형사와 아이들이 대답했다. 그나저나 검은 돈의 정체가 정말 불법 선거 자금이라면, 이건 보통 일이 아니다.

끝나지 않은 사건

그런데 그때였다. 갑자기 바깥에서 시끌시끌한 소리가 들려왔다. 이 형사가 내다보더니 말했다.

"기자들이 몰려왔는데요."

어 교감이 물었다.

"올 게 왔군. 어떻게 할까요?"

인터넷에 기사가 떴으니, 더 많은 기자들이 몰려오는 건 시간 문제였다. 공 교장은 잠시 생각하더니 말했다.

"어 교감이 나가 봐. 아직 확실한 증거는 없으니까 말조심하고."

"네."

어 교감이 밖으로 나가자, 여기저기서 카메라 플래시가 터지고, 기자들의 질문이 쏟아졌다.

"사과 상자에 돈을 담아 보냈다는 게 사실입니까?"

"왜 하필 어린이 형사 학교 학생의 집으로 보낸 거죠?"

"천만 원이라고 하던데, 맞습니까?"

"누가 보낸 건가요?"

어 교감이 단호한 표정과 말투로 대답했다.

"이번 사건은 어린이 형사 학교와 관련 없는 일이니 억측은 삼가 주시기 바랍니다. 누가, 누구한테 보낸 돈인지는 지금 수사 중입니다. 수

사가 마무리되는 대로 공식 입장을 발표하겠습니다."

그런데 바로 그때, 기자 한 명이 소리치는 것이었다.

"돈이 배달된 미래 아파트에 김일석 국회의원이 살던데, 혹시 관련이 있는 건 아닌가요?"

모두의 시선이 그 기자에게 쏠렸다. 그리고 여기저기서 수군대기 시작했다.

"김일석 의원?"

"그럼 뭐야? 불법 선거 자금이야?"

"맞다! 다음 달이 총선이잖아."

어 교감이 당황해 말했다.

"다시 한번 말씀 드리지만 아직 수사가 진행 중입니다. 공식 발표가 있기 전까지 추측성 기사는 자제해 주십시오."

하지만 기자들은 이미 확신하는 표정이었다. 그리고 결국 한 시간도 채 지나지 않아 인터넷에는 사과 상자의 돈을 불법 선거 자금으로 추정하고 수사 중이라는 기사가 떴다. 게다가 발 빠른 기자들은 김일석 의원 사무실과 함안 산업까지 찾아가 김 의원과 송 회장이 인터뷰를 거부한다는 기사를 내보냈다.

모든 게 정신없이 돌아갔다. 게다가 정확히 확인된 사실이 아닌데도 여기저기서 불법 선거 자금이라고 떠들어 대니, 어느새 기정사실이 되어 버렸다.

공 교장이 기막힌 듯 말했다.

"허참, 우리나라 기자들은 완전 경찰이구먼, 경찰이야."

어 교감이 화가 나 말했다.

"그러니까요. 아직 수사 중이라고 분명히 말했는데 말이에요."

공 교장이 이 형사에게 말했다.

"박찬모한테 현재 상황 말하고 다시 취조해 봐."

"네."

이 형사가 박찬모를 만나 상황을 전하자, 박찬모가 말했다.

"잠시 전화 좀 써도 되겠습니까?"

이 형사가 자리를 비켜 주자, 박찬모는 누군가에게 전화를 걸었다. 아마 송만수 회장일 것이다. 그리고 잠시 후 이 형사가 들어가자, 박찬모는 자백을 했다.

"맞습니다. 회장님 심부름으로 김 의원 댁으로 보내려던 건데, 잘못 배달된 겁니다."

결국 그 돈은 치국이가 예상한 대로 불법 선거 자금이었던 것이다. 이 형사가 이 사실을 보고하자, 공 교장이 명령했다.

"좋아. 그럼 내일 송만수 회장부터 소환 조사해."

그런데 바로 그때, 교장실의 전화가 울렸다. 어 교감이 전화를 받더니, 깜짝 놀라며 말했다.

"아, 네. 검사님."

모두의 시선이 어 교감에게 쏠렸다. 어 교감이 공 교장에게 전화를 건넸다. 전화를 받고는 공 교장의 표정이 점점 어두워졌다. 아이들은 영문을 몰라 서로 쳐다볼 뿐. 하지만 뭔가 문제가 생긴 게 분명했다.

공 교장이 전화를 끊자, 어 교감이 물었다.

"뭐래요? 설마 수사권 넘기래요?"

공 교장이 고개를 끄덕였다. 이 형사가 다시 물었다.

"왜요? 왜 갑자기 수사권을 넘기래요?"

"국회의원이 관련된 사건이고, 다음 달 총선과도 연관성이 있다고 판

단한 거겠지."

어 교감이 억울한 듯 말했다.

"우리가 공정하게 수사하면 되잖아요. 뭔가 다른 이유가 있는 거 아니에요?"

공 교장이 심각한 표정으로 말했다.

"글쎄. 윗선에서 넘기라고 지시가 왔으니 넘겨야지."

어 교감과 이 형사도 억울한 표정. 한창 수사가 진행 중인데 갑자기 수사권을 가져가겠다는 이유를 도저히 이해할 수 없었다. 아이들도 황당했다. 두산이가 물었다.

"그냥 우리가 수사하면 안 되는 거예요?"

치국이가 설명했다.

"우리 아빠가 검사라서 내가 잘 아는데, 우리나라는 형사소송법상 모든 수사의 최종 책임자가 검사야. 경찰은 형사소송법의 적용을 받으면서 검사의 지휘를 받게 되어 있지."

그 와중에도 아빠 자랑을 하는 치국이. 여하튼 그렇게 불법 선거 자금 사건은 검찰에 수사권을 넘겨줄 수밖에 없었다.

일이 그렇게 되자, 아이들은 왠지 찜찜한 마음이 가시지 않았다. 제인이가 말을 꺼냈다.

"이번 사건은 우리가 한 게 하나도 없네."

영웅이도 동의했다.

"맞아. 그래서 꼭 화장실 들어갔다가 그냥 나온 것 같이 찜찜해."

"에이, 더러워. 예를 들어도 꼭 그런 걸 드냐!"

치국이가 장난스럽게 영웅이를 밀치는데, 하재가 말했다.

"나도 찜찜해. 솔직히 우리도 현재로서는 김 의원이 두산이네 아파트에 산다는 것 외에 다른 정보는 모르잖아."

치국이가 반박했다.

"박찬모가 자백했잖아. 송 회장이 시킨 거라고. 돈 주려던 사람이 자백했는데, 그보다 확실한 증거가 어디 있어?"

그것도 맞는 말이다. 하지만 이번 사건이 이상한 것도 사실이다. 수사를 시작하자마자 사건의 내용이 저절로 술술 밝혀진 느낌. 게다가 그걸 또 순식간에 알아내는 기자들도 신기하다.

"기자들은 어떻게 그렇게 빨리 알지?"

하재가 고개를 갸웃하자 치국이가 다시 아는 척을 했다.

"기자의 생명은 빠른 정보력. 정치부 기자들은 정치인에 대해서 모르는 게 없다더라."

그때 제인이가 인터넷 신문에 실린 기사가 생각나 말했다.

"그나저나 이번 사건으로 김일석 의원 지지율이 떨어지면, 너희 할아버지네 가나당 의원이 당선될 확률이 높다더라."

치국이가 별거 아니라는 듯 어깨를 으쓱하며 대답했다.

"뭐, 부정 선거를 사전에 막았으니 잘된 일이지."

그 시간, 형사들도 같은 이야기를 나누고 있었다. 아이들도 이상하게 생각하는 것을 형사들이 의심하지 않을 리가 없다. 공 교장이 말했다.

"난 일부러 두산이네를 표적으로 삼은 것 같은 느낌이야."

어 교감이 동의했다.

"맞아요. 만약 그 돈이 다른 집으로 갔다면 그냥 꿀꺽하고 신고 안 할 수도 있잖아요. 두산이가 어린이 형사 학교에 다니니까 곧바로 경찰인 우리에게 연락해서 수사에 착수할 거라 생각한 것 아닐까요?"

이 형사가 말을 받았다.

김일석 의원에게 비난 여론이
몰리도록 해야 해.
그 돈은 불법 선거 자금인
것으로 밝혀졌습니다.
김일석 의원 의혹의 중심!
나라 지킴
애국
김일석 의원은
사퇴하라!
NAVOR
실시간급상승
1. 김일석 의원
2. 사과 상자
3. 불법 선거 자금

"두산이가 만난 그 기자를 캐 보면 어떨까요? 사전에 누군가로부터 정보를 받고 일부러 기사를 쓴 게 분명해요. 애초에 두산이에게 접근해서 모든 것을 알고 있다는 듯이 질문한 것도 수상하고요."

어 교감이 손가락을 튕기며 말했다.

"그래. 불법 선거 자금으로 몰아가기 위해 쉴 새 없이 기사를 쏟아내면서 여론 몰이를 한 느낌?"

공 교장이 고개를 끄덕이며 말했다.

"그렇다면 오히려 김일석 의원을 총선에서 떨어뜨리기 위한 모략이라는 건데……."

이 형사가 의견을 말했다.

"그 주인공은 이번 일로 얻을 게 있는 사람들이겠죠? 송 회장과는 모종의 거래를 했을 거예요. 문제를 일으켜서 김 의원을 총선에서 떨어지게 만들면 뭔가 대가를 받기로."

공 교장이 잠시 생각하더니 말했다.

"좋아. 그럼 두산이가 만났다는 그 기자부터 조사해 봐. 누구와 연관되어 있는지."

생각할수록 찜찜한 사건. 불법 선거 자금이 맞을까, 아니면 김 의원을 총선에서 떨어뜨리기 위한 모략일까? 그것도 아니면, 전혀 생각지도 못한 또 다른 목적이 있는 것일까? 끝난 줄 알았는데, 끝나지 않은 사건. 어쩌면 이 사건은 이제부터 진짜 시작일지도 모른다.

치국이가 들려주는 사건 해결의 열쇠

두산이네 집으로 배달된 의문의 돈. 그 돈이 불법 선거 자금임을 밝혀낸 것은 선거에 대해 잘 알았기 때문이지.

선거란?

학교에서 학급 반장이나 회장을 뽑기 위해 투표에 참여해 본 적 있지? 투표에서 뽑힌 친구는 학급을 대표해 여러 가지 일들을 하게 돼.

그렇다면 나라의 일은 누가 할까? 오늘날 우리가 살고 있는 사회는 결정해야 할 중요한 일들이 참 많아. 그러나 모든 국민들이 모여서 의논하고 결정하기란 불가능한 일이지. 그래서 투표를 통해 대표를 뽑아 자신의 뜻과 권리를

대신 실현하게 하는데, 이러한 과정을 선거라고 해.

우리나라는 대통령 선거, 국회의원 선거, 지방 선거를 실시하고 있어. 우리나라 최고 통치권자인 대통령을 뽑는 대통령 선거는 5년에 한 번씩 실시되고 있지. 국회의원은 국민을 대표하여 법률을 제정하고 나라의 일을 심의하는 역할을 하는데, 4년마다 선거를 통해 선출해. 또 지방의회 의원이나 지방자치단체의 장을 뽑는 지방 선거도 4년마다 열리지.

선거의 4대 원칙

대표를 잘 뽑아야 우리 지역과 나라가 발전할 수 있기 때문에 선거는 민주주의를 실천하는 중요한 방법이라 할 수 있어. 그래서 선거는 꼭 공정하고 올바르게 치러져야 돼. 공정한 선거를 위해서는 다음 네 가지 원칙을 반드시 지켜야 하지.

첫 번째, 보통 선거의 원칙이야. 일정한 연령, 즉 만 18세가 되는 국민은 누구나 투표에 참여할 수 있어.

두 번째, 평등 선거의 원칙이야. 신분이나 재산, 학력 등 조건에 관계없이

① 보통 선거

② 평등 선거

③ 직접 선거

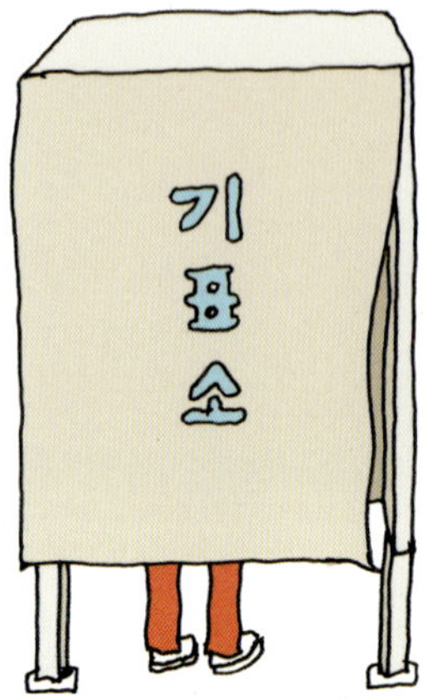

④ 비밀 선거

모든 사람이 공평하게 한 표씩 투표하는 선거권을 가지는 거야.

세 번째, 직접 선거의 원칙이야. 다른 사람이 투표를 대신 할 수 없고 자신이 직접 투표를 해야 한다는 원칙이지.

네 번째, 비밀 선거의 원칙이야. 자신이 어떤 후보를 선택했는지 다른 사람이 알지 못하게 비밀을 지켜야 하는 것이지.

선거 자금이란?

후보자나 정당이 선거 운동을 하려면 많은 돈이 필요해. 후보자를 소개하는 포스터를 만들어 곳곳에 붙여야 하고, 후보자의 공약을 주민들에게 널리 알려야 하니까 말이야. 이렇게 선거를 치르는 데 들어가는 돈을 선거 자금이라고 하지.

우리나라에서는 선거 자금을 후보자 개인이 지출하게 되어 있어. 하지만 공직선거법이라는 법률로 선거 자금의 규모가 정해져 있지. 예를 들면 대통령

선거의 경우는 인구 수×950원에 제한액산정비율을 증감해서 산정해. 그 이상을 지출해선 안 되지.

선거 자금을 모을 때도 공식적인 후원 방법을 통해 모아야 되고, 후원자 한 명이 낼 수 있는 후원 금액도 정해져 있어. 그러니까 비공식적으로 선거 자금을 모으거나, 1인당 후원 금액을 초과해 받는 것은 불법이야. 불법으로 선거 자금을 모으면 후원자와 후보자 둘 다 선거법 위반 혐의로 처벌을 받을 수 있고, 당선이 된 후에도 무효가 될 수 있어. 불법적인 선거 자금은 주지도, 받지도 말아야 공정한 선거가 이루어지겠지.

그러니까 생각해 봐. 사과 상자에 든 돈이 잘못 배달된 것을 알았지만 어떤 돈인지는 몰랐어. 하지만 두산이네 아파트에 국회의원이 산다는 것과 국회의원을 뽑는 선거가 곧 시작된다는 것을 떠올리고 그 돈이 불법 선거 자금임을 밝힐 수 있었던 거야.

그때 그 사건

이 형사 집
아, 이제야 끝났네. 피곤하다.
잠깐, 그러고 보니 예전에…….
3년 전, 서울 경찰청
네. 한성 비서실 직원 계좌를 추적했더니, 매달 일정 금액이 가나당 강성일 의원 비서관인 마형국의 계좌로 들어갔어요.
뭐? 한성 비자금이 가나당으로?
좋아. 일단 한성 비서실 직원이랑 마형국부터 추적한다.
네.

이게 뭐야? 이 형사, 자네 정말 돈 받았어?
제가 왜 최상식의 돈을 받아요!
최상식이 최상 건설 잘 봐 달라고 뇌물 준 거 아니야?
말도 안 돼요! 최상식은 요 앞 가게에서 밥 먹다가 우연히 만나 인사한 것밖에 없어요.
자네 통장 계좌에 억이 찍혀 있잖아!
게다가 최상식이 자네한테 뇌물을 줬다고 자백했어!
CSI 감사
과장님, 저 못 믿으세요? 이건 강성일 의원이랑 한성이 수사 못하게 하려고 뒤집어씌운 겁니다!

이틀 뒤
찌이익~
말도 안 돼요. 1년이나 정직이라니.
과장님이 안 잘린 것만 해도 다행이라고 하시는데? 그나저나 넌 행복동으로 간다며? 왜 하필 우리 동네야?
그러게요. 선배랑 별로 마주치고 싶지 않은데.
훗~
비상구
비상구

벌떡!
맞다! 누명을 씌워 제거한다! 내 사건과 이번 사건, 너무 닮았어. 가나당이 관련된 것까지!
그리고 1년 전 소운영 살해 사건 때 성 형사가……
최상식이 소운영한테 2억을 받아서 1억은 자기가 갖고, 1억을 선배 통장에 넣었다. 어때요? 말 되죠?
소운영은 정삼선 의원과 한 동네에 살았어. 최상식과 소운영, 그리고 정삼선 의원. 그들의 관계를 알아내야 해.
정삼선
소운영
최상식

치국이네 집
할아버지 안에 계세요?
왜요, 도련님?
고맙습니다.
할아버지께 인사 드리려고요. 내일 개학인데, 아침에는 시간이 없을 것 같아서요.
지금 손님이 와 계셔서요. 조금 이따 들어가셔야 할 것 같아요.
네!
감사합니다. 이 은혜, 잊지 않겠습니다.
어?

저 사람
어디서 봤더라?
그래. 신문에서 봤다!
함안의 가나당 후보,
이기리 의원!
저 사람이 왜
할아버지를 만난 거지?
불법 선거 자금 사건으로 뒤숭숭한 이때, 이기리 의원이 왜 정삼선 의원을 찾아온 것일까? 불법 선거 자금 사건에 치국이네 할아버지가 관련되어 있는 것일까? 사건은 다시 미궁 속으로! 5권을 기대해 줘!

출발 →
선거 당일 투표소 주변에서 인증샷을 찍는다.
후보자가 자신을 찍어 달라며 주는 선물을 받는다.
뒤로 1칸
투표 인증 사진을 찍을 때 손가락으로 'V'를 그린다.
앞으로 3칸!
핸드폰으로 투표용지를 촬영해 기념으로 갖는다.
투표 날 누구를 뽑았는지 비밀로 한다.
투표 날 투표소로부터 100m 밖에서 사람들에게 투표에 참여하라고 말한다.
투표 날 제일 멋진 선거 벽보를 배경으로 사진을 찍어 SNS에 올린다.
뒤로 1칸
어떤 후보자에 투표했는지 SNS에 올린다.
와글와글
와글와글

특별 활동

CSI, 함께 놀며 훈련하다!

1 어떻게 인사할까?

나라마다 인사법이 다 달라. 친구와 함께 다른 나라의 재미있는 인사법을 배워 볼까?

스페인

서로 정답게 껴안으며 '올라'라고 말해요.

인도

손끝을 입에 대었다 떼면서 '살라모어' 라고 말해요.

중국 티베트족

혀를 길게 내밀며 인사해요. 상대를 존경한다는 뜻이에요.

파푸아뉴기니의 침부족

오랜만에 만났을 때 기쁜 마음으로 팔을 떨며 엉엉 울면서 인사해요.

하와이 원주민

엄지손가락과 새끼손가락을 세워 흔들며 '알로하'라고 인사해요.

뉴질랜드 마오리족

악수를 하고, 손을 잡은 채로 '키오라' 라고 하면서 코를 두 번 비벼요.

2 같은 몸짓, 다른 의미

같은 몸짓이라도 나라마다 다른 의미가 되는 경우가 있지. 사다리 타기로 알아볼까?

제인이와 함께하는 신나는 놀이

❶ 흩어진 직업을 찾아라!

가로, 세로, 대각선으로 흩어진 글자들 중에서 아래 설명에 맞는 직업을 찾아 봐. 모르는 직업이 있다고? 그럼 한국직업능력연구원에서 운영하는 '주니어커리어넷' 홈페이지에 들어가 봐. 어떤 직업인지 알 수 있을 거야.

제	최	시	통	역	사
생	빵	우	혀	로	터
변	전	사	작	이	태
리	동	석	레	박	은
사	한	큐	지	게	사
명	연	예	인	상	서

〈설명 ❶〉
빵과 케이크, 과자나 쿠키 등을 맛있게 만드는 일을 해요.

〈설명 ❷〉
새로운 발명 기술이나 디자인, 상표 등의 특허권을 갖기 위해 법률적인 상담이 필요한 개인이나 기업을 도와줘요.

〈설명 ❸〉
박물관이나 미술관에서 전시회를 기획하고 작품을 수집하거나 관리하는 일을 해요.

〈설명 ❹〉
자신이 가지고 있는 끼와 재능을 TV, 라디오, 영화, 무대 등에서 보여 주는 일을 해요.

〈설명 ❺〉
도서관에서 사람들이 이용하기 쉽게 책을 분류하고 책장에 배치하는 등의 일을 담당해요.

〈설명 ❻〉
외국어를 우리말로 전달하거나 우리말을 외국어로 전달하는 일을 해요.

2 미래의 내 명함 만들기

미래의 나의 직업은 무엇일까? 20년 후를 상상해 보고, 미래의 내 명함을 만들어 보자.

❶ 20년 후, 나는 어떤 직업을 갖고 있을까?

❷ 하는 일은 무엇일까?

❸ 명함에는 어떤 내용을 넣어야 할까?

❹ 직업의 특성이 잘 드러나도록 멋지게 디자인해 봐! 제인이가 만든 명함을 참고해도 좋아!

1 우리 집은 어디에?

구글 어스(Google Earth)라는 프로그램을 이용하면, 우리 집의 정확한 위도와 경도를 알 수 있어. 함께 해 볼까?

❶ 포털 사이트에 '구글 어스'를 검색해서 프로그램을 다운 받아 실행한다.

❷ 마우스를 움직여 지구본에서 우리나라를 찾는다.

❸ 방법 1: 화면을 확대해 가며 우리 집을 찾는다.

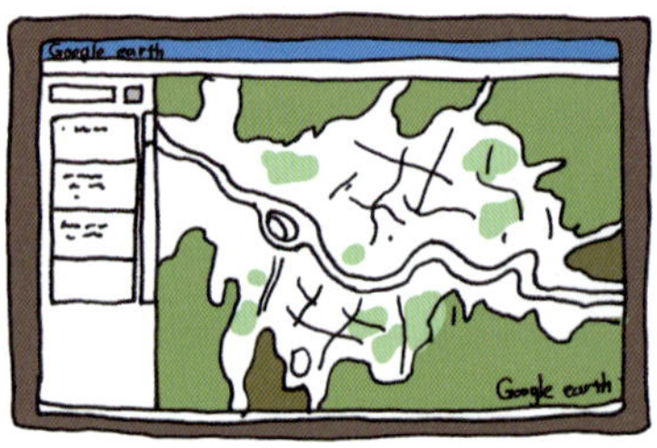

❹ 방법 2: 왼쪽 상단의 검색란에 주소를 입력하면 자동으로 위치를 찾을 수 있다.

❺ 화면의 오른쪽 하단에서 우리 집의 정확한 위도와 경도를 확인한다.

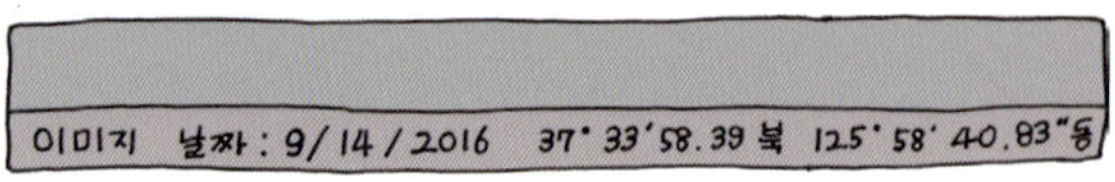

우리 집의 위치는?

	위도		경도	
	구글 어스	읽기	구글 어스	읽기
(예) 서울 시청	37° 33′59.06″ 북	북위 37도 33분 59.06초	126° 58′40.16″ 동	동경 126도 58분 40.16초

❷ 빙고, 세계 여행!

위도와 경도로 세계 여행을 해 볼까? 세계 여러 나라의 위치를 알 수 있어.

준비물

❶ 친구와 함께 가위바위보로 놀이 순서를 정한다.
❷ 문제를 선택하고, 지도에서 위도와 경도를 이용해 어떤 나라인지 찾는다.
❸ 답을 먼저 맞히면 그 칸에 동그라미 표시한다.
❹ 가로나 세로, 대각선 중 한 줄을 먼저 표시하면 '빙고'를 외친다.

북위 24도 동경 46도	북위 56도 서경 106도	남위 43도 동경 171도
북위 38도 서경 97도	북위 37도 동경 127도	북위 35도 동경 137도
남위 35도 서경 65도	북위 60도 동경 100도	남위 23도 동경 133도

1 선거 말판 놀이

선거 말판 놀이를 해 보자. ○× 퀴즈를 풀면서 말판을 이동해 다시 출발 칸으로 돌아오면 돼. 답이 틀리면 자신의 차례를 한 번 쉬어야 해. 시작해 볼까?

2 나는 선거 박사

선거관리위원회에서 운영하는 '중앙선거관리위원회' 사이트에 들어가 다음 미션에 도전해 봐. 선거 박사가 될 수 있어.

1단계 미션	★선거관리위원회의 캐릭터 이름은 무엇일까?  내 이름은 ( )이야! 국민들의 선거 참여를 위한 선거관리위원회의 역할을 표현하고 있지!
2단계 미션	★선거관리위원회가 하는 일을 찾아보고, 아래 빈칸을 채워 본다. ◆□□□, 국회의원, 지방자치단체장, 지방의회의원선거관리 ◆□□과 정치자금 사무 관리 ◆올바른 □□시민의식 함양 교육 ◆선거에 대한 올바른 인식을 심어 주기 위한 공명 선거 □□활동
3단계 미션	★공직 선거의 종류와 임기를 알고 있니? ◆대통령 선거: 임기 □년 (중임 금지) ◆□□□□ 선거: 임기 4년 ◆지방의회 의원 및 지방자치단체의 장 선거: 임기 □년
4단계 미션	★선거절차 중에서 다음 빈칸에 들어갈 활동은? 선거일정 공고 → 후보자 등록신청 → □ → 투표 → 개표 힌트: 학교 운동장 또는 복도에서 다른 학생들에게 한 표의 지지를 호소합니다. 선거 포스터를 만들어 자신을 알리고, 공약을 발표합니다.

찾아 보기

정답

181쪽

182쪽

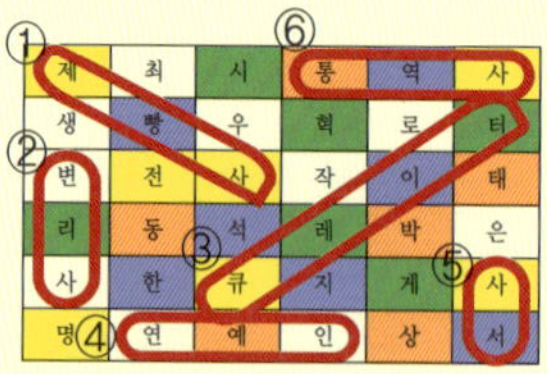

185쪽

북위 24도 동경 46도 사우디아라비아	북위 56도 서경 106도 캐나다	남위 43도 동경 171도 뉴질랜드
북위 38도 서경 97도 미국	북위 37도 동경 127도 대한민국	북위 35도 동경 137도 일본
남위 35도 서경 65도 아르헨티나	북위 60도 동경 100도 러시아	남위 23도 동경 133도 오스트레일리아

186쪽

① ○ ② × ③ × ④ ×
⑤ ○ ⑥ ○ ⑦ × ⑧ ×

187쪽

1단계 참참
2단계 대통령, 정당, 민주, 홍보
3단계 5, 국회의원, 4
4단계 선거운동